构建规范化的人力资源服务管理体系
提供实务化的HR管理工具与解决方案

人力资源服务机构运营手册

弗布克管理咨询中心 ◎ 编著

中国劳动社会保障出版社

图书在版编目(CIP)数据

人力资源服务机构运营手册/弗布克管理咨询中心编著. -- 北京：中国劳动社会保障出版社，2019
 ISBN 978-7-5167-4023-1

Ⅰ.①人… Ⅱ.①弗… Ⅲ.①人力资源-服务业-组织结构-运营管理-中国-手册 Ⅳ.①F249.23-62

中国版本图书馆CIP数据核字(2019)第129077号

中国劳动社会保障出版社出版发行

(北京市惠新东街1号 邮政编码：100029)

*

三河市潮河印业有限公司印刷装订　新华书店经销
787毫米×1092毫米　16开本　13.75印张　340千字
2019年8月第1版　2019年8月第1次印刷
定价：48.00元

读者服务部电话：(010) 64929211/84209101/64921644
营销中心电话：(010) 64962347
出版社网址：http://www.class.com.cn

版权专有　侵权必究

如有印装差错，请与本社联系调换：(010) 81211666
我社将与版权执法机关配合，大力打击盗印、销售和使用盗版图书活动，敬请广大读者协助举报，经查实将给予举报者奖励。
举报电话：(010) 64954652

前　言

人力资源服务业是现代服务业的重要组成部分，这一业态的产生对人力资源流动配置的效率起到了极大的提升作用。然而，要推进业务的高质量发展，人力资源服务机构的管理人员至少需解决好以下两个方面的问题：一是提升人力资源服务机构的专业化水平，二是规范人力资源服务机构内部的管理。

为了帮助人力资源服务机构解决上述问题，弗布克管理咨询中心依据现行的人力资源服务法律法规，从人力资源招聘服务、高级人才寻访服务、人才测评服务、人力资源培训服务、人力资源咨询服务、劳务派遣服务、人力资源外包服务、人力资源管理信息化服务8个方面对其业务进行了全面梳理，以满足人力资源服务机构规范化管理的需求。

概括起来，本书具有以下3大特点。

1. 全面：涵盖8大重点业务

本书以最新的法律法规为依据，从实务管理的角度，对人力资源服务机构提供的重点业务进行了细致讲解，为读者提供了全方位的指导与参考，便于人力资源服务机构从业人员顺利开展工作。

2. 实用：构建实务化的工具体系

本书以人力资源服务机构的业务操作、服务技能提升为主线来编排全书的内容，并按"业务类型+岗位设计+管理制度+业务流程+创新模式"的架构对每一项业务的执行和管理进行了精细解析，实现了业务开展、岗位操作与图书内容的无缝对接。该书是人力资源服务机构自身规范化发展、人力资源服务机构从业人员提升业务技能的实用工具书，具有很强的操作性和实务性。

3. 简洁：图文结合便于使用

本书聚焦人力资源服务的8大重点业务模块，采用图文结合的内容呈现形式，为人力资源服务机构开展各项工作提供了可操作性的解决方案，让读者可以学以致用、拿来即用或稍改即用。

在本书编写的过程中，孙立宏负责资料的收集和整理，贾月负责图表编排，李艳参与编写了第1章，张小会参与编写了第2章，周辉参与编写了第3章，张丽萍参与编写了第4章，程淑丽参与编写了第5章，王鹤鹏参与编写了第6章，徐文慧参与编写了第7章、第8章，全书由弗布克管理咨询中心统撰定稿。

目 录

第1章 人力资源招聘服务 ··········· 1

1.1 人力资源招聘服务的业务类型 ··········· 2
1.1.1 网络招聘 ··········· 2
1.1.2 现场招聘会 ··········· 2
1.1.3 校园招聘 ··········· 2

1.2 人力资源招聘服务部岗位设计与岗位说明 ··········· 3
1.2.1 人力资源招聘服务部组织架构 ··········· 3
1.2.2 招聘顾问岗位说明书 ··········· 3
1.2.3 RPO项目执行经理岗位说明书 ··········· 4
1.2.4 RPO项目顾问岗位说明书 ··········· 4

1.3 人力资源招聘服务业务制度设计 ··········· 5
1.3.1 人力资源招聘服务规范 ··········· 5
1.3.2 招聘服务会员制度 ··········· 6
1.3.3 信息发布审查和投诉处理制度 ··········· 8
1.3.4 现场招聘会服务规范 ··········· 9

1.4 人力资源招聘服务业务流程设计 ··········· 12
1.4.1 网络招聘业务流程 ··········· 12
1.4.2 招聘会业务流程 ··········· 13
1.4.3 代理招聘业务流程 ··········· 14
1.4.4 校园招聘业务流程 ··········· 15

1.5 人力资源招聘服务标准与合同 ··········· 16
1.5.1 人力资源招聘服务标准规定 ··········· 16
1.5.2 人力资源招聘服务注意事项 ··········· 17
1.5.3 人力资源招聘服务合同 ··········· 18

1.6 人力资源招聘服务常用手册与方案 ··········· 20

- 1.6.1 RPO产品手册 ········· 20
- 1.6.2 RPO方案样本 ········· 23
- 1.6.3 招聘会组织实施办法 ········· 25
- 1.6.4 招聘会应急预案 ········· 27
- 1.6.5 招聘会安全保卫工作方案 ········· 29

1.7 人力资源招聘服务商业模式创新 ········· 31
- 1.7.1 招聘服务+共享经济 ········· 31
- 1.7.2 招聘服务+直播平台 ········· 31

第2章 高级人才寻访服务

2.1 高级人才寻访服务的业务类型 ········· 34
- 2.1.1 预付费模式 ········· 34
- 2.1.2 按结果付费模式 ········· 34

2.2 高级人才寻访服务部岗位设计与岗位说明 ········· 34
- 2.2.1 高级人才寻访服务部组织架构 ········· 34
- 2.2.2 人才寻访员岗位说明书 ········· 35
- 2.2.3 业务拓展人员岗位说明书 ········· 36
- 2.2.4 猎头顾问岗位说明书 ········· 36

2.3 高级人才寻访服务业务制度设计 ········· 37
- 2.3.1 高级人才寻访服务规范 ········· 37
- 2.3.2 猎头业务管理办法 ········· 38
- 2.3.3 猎头顾问管理制度 ········· 39
- 2.3.4 猎头服务提成制度 ········· 41

2.4 高级人才寻访服务业务流程设计 ········· 43
- 2.4.1 高级人才寻访服务流程 ········· 43
- 2.4.2 候选人面试流程 ········· 44
- 2.4.3 候选人背景调查流程 ········· 45

2.5 高级人才寻访服务标准与合同 ········· 46
- 2.5.1 高级人才寻访服务标准规定 ········· 46
- 2.5.2 高级人才寻访服务注意事项 ········· 46
- 2.5.3 高级人才寻访服务合同 ········· 46

2.6 高级人才寻访服务常用报告 ………………………………… 48
   2.6.1 候选人综合评估报告 …………………………………… 48
   2.6.2 候选人推荐报告 ………………………………………… 50
   2.6.3 候选人背景信息调查报告 ……………………………… 52
2.7 高级人才寻访服务商业模式创新 ……………………………… 53
   2.7.1 高级人才寻访服务+技术工具 ………………………… 53
   2.7.2 高级人才寻访服务+App ……………………………… 54

第3章 人才测评服务

3.1 人才测评服务的业务类型 ……………………………………… 56
   3.1.1 性格测评 ………………………………………………… 56
   3.1.2 行为反应测评 …………………………………………… 57
   3.1.3 职业兴趣测评 …………………………………………… 57
   3.1.4 智商测评 ………………………………………………… 58
   3.1.5 情商测评 ………………………………………………… 59
   3.1.6 能力测评 ………………………………………………… 59
   3.1.7 知识测评 ………………………………………………… 60
3.2 人才测评服务部岗位设计与岗位说明 ………………………… 62
   3.2.1 人才测评服务部组织架构 ……………………………… 62
   3.2.2 测评销售经理岗位说明书 ……………………………… 63
   3.2.3 测评售前顾问岗位说明书 ……………………………… 63
   3.2.4 测评项目经理岗位说明书 ……………………………… 64
   3.2.5 产品研发顾问岗位说明书 ……………………………… 64
   3.2.6 测评顾问岗位说明书 …………………………………… 65
3.3 人才测评服务业务制度设计 …………………………………… 65
   3.3.1 人才测评项目管理制度 ………………………………… 65
   3.3.2 人才测评顾问管理办法 ………………………………… 66
   3.3.3 人才测评服务管理规范 ………………………………… 67
3.4 人才测评服务业务流程设计 …………………………………… 69
   3.4.1 人才测评工作流程 ……………………………………… 69
   3.4.2 人才测评服务管理流程 ………………………………… 70

3.4.3 人才测评指标体系建立流程 …… 71
3.5 人才测评服务标准与合同 …… 72
3.5.1 人才测评服务标准规定 …… 72
3.5.2 人才测评服务注意事项 …… 72
3.5.3 人才测评服务合同 …… 73
3.6 人才测评服务常用文书 …… 74
3.6.1 人才测评项目建议书 …… 74
3.6.2 人才测评报告 …… 76
3.6.3 无领导小组讨论评分表 …… 78
3.6.4 素质测评评分表 …… 79
3.6.5 公文筐测试评分表 …… 79
3.7 人才测评服务商业模式创新 …… 80
3.7.1 测评+招聘 …… 80
3.7.2 测评+培训 …… 80
3.7.3 测评+人才盘点 …… 80
3.7.4 测评+大数据 …… 80
3.7.5 测评+VR …… 81

第4章 人力资源培训服务 …… 83
4.1 人力资源培训服务的业务类型 …… 84
4.1.1 公开课 …… 84
4.1.2 企业内训 …… 84
4.1.3 咨询式培训 …… 84
4.1.4 在线培训 …… 84
4.2 人力资源培训服务部岗位设计与岗位说明 …… 85
4.2.1 人力资源培训服务部组织架构 …… 85
4.2.2 课程开发人员岗位说明书 …… 85
4.2.3 课程制作人员岗位说明书 …… 86
4.2.4 课程顾问岗位说明书 …… 86
4.3 人力资源培训服务业务制度设计 …… 87
4.3.1 人力资源培训服务规范 …… 87

4.3.2 企业培训需求报告撰写制度 ······ 88
4.3.3 外部培训讲师合作制度 ······ 90
4.3.4 培训讲师课酬管理制度 ······ 91
4.3.5 客户培训效果评估制度 ······ 93

4.4 人力资源培训服务业务流程设计 ······ 95
4.4.1 培训课程开发流程 ······ 95
4.4.2 网络课程开发流程 ······ 96
4.4.3 公开课运营流程 ······ 97
4.4.4 内训课运营流程 ······ 98

4.5 人力资源培训服务标准与合同 ······ 99
4.5.1 人力资源培训服务标准规定 ······ 99
4.5.2 人力资源培训服务注意事项 ······ 99
4.5.3 人力资源培训服务合同 ······ 100

4.6 人力资源培训服务常用文书 ······ 101
4.6.1 培训项目建议书 ······ 101
4.6.2 培训项目运营方案 ······ 102
4.6.3 培训项目评估报告 ······ 104

4.7 人力资源培训服务商业模式创新 ······ 106
4.7.1 培训+移动互联网技术 ······ 106
4.7.2 培训+直播 ······ 106
4.7.3 培训+细分化 ······ 107

第5章 人力资源咨询服务 ······ 109

5.1 人力资源咨询服务的业务类型 ······ 110
5.1.1 人力资源法律咨询服务 ······ 110
5.1.2 人力资源管理咨询服务 ······ 110

5.2 人力资源咨询服务部岗位设计与岗位说明 ······ 111
5.2.1 人力资源咨询服务部组织架构 ······ 111
5.2.2 咨询项目组长岗位说明书 ······ 111
5.2.3 管理咨询顾问岗位说明书 ······ 112

5.3 人力资源咨询服务业务制度设计 ······ 113

5.3.1　人力资源管理咨询服务规范 113
5.3.2　管理咨询顾问培训制度 114
5.3.3　销售顾问考核制度 115
5.3.4　咨询项目利益分配制度 117
5.4　人力资源咨询服务业务流程设计 119
5.4.1　人力资源咨询项目投标流程 119
5.4.2　人力资源咨询问题诊断服务流程 120
5.5　人力资源咨询服务标准与合同 121
5.5.1　人力资源咨询服务标准规定 121
5.5.2　人力资源咨询服务注意事项 122
5.5.3　人力资源咨询服务合同 123
5.6　人力资源咨询服务常用范本 125
5.6.1　人力资源咨询项目建议书 125
5.6.2　管理咨询需求调查报告 126
5.6.3　人力资源咨询项目实施计划 127
5.7　人力资源咨询服务商业模式创新 130
5.7.1　人力资源管理咨询服务+信息化 130
5.7.2　人力资源管理咨询服务+互联网平台 130
5.7.3　人力资源管理咨询服务+软件+外部服务整合 131

第6章　劳务派遣服务 133

6.1　劳务派遣服务的业务类型 134
6.1.1　完全派遣 134
6.1.2　转移派遣 134
6.1.3　短期派遣 135
6.1.4　减员派遣 136
6.1.5　项目派遣 136
6.1.6　晚间派遣 136
6.1.7　钟点派遣 137
6.1.8　双休日派遣 137
6.2　劳务派遣服务机构岗位设计与岗位说明 137

  6.2.1 劳务派遣服务机构组织架构 ……………………………………… 137
  6.2.2 招聘专员岗位说明书 …………………………………………… 139
  6.2.3 岗前培训专员岗位说明书 ……………………………………… 140
  6.2.4 劳资管理专员岗位说明书 ……………………………………… 140
  6.2.5 客服专员岗位说明书 …………………………………………… 141
  6.2.6 业务经理岗位说明书 …………………………………………… 141
 6.3 劳务派遣服务业务制度设计 …………………………………………… 142
  6.3.1 劳务派遣机构员工管理制度 …………………………………… 142
  6.3.2 劳务派遣机构薪酬管理制度 …………………………………… 144
  6.3.3 派遣员工退回受理服务制度 …………………………………… 146
 6.4 劳务派遣服务业务流程设计 …………………………………………… 149
  6.4.1 劳务派遣服务流程 ……………………………………………… 149
  6.4.2 劳务派遣机构招聘流程 ………………………………………… 150
  6.4.3 劳务派遣合同终止流程 ………………………………………… 151
 6.5 劳务派遣服务标准与合同 ……………………………………………… 152
  6.5.1 劳务派遣服务标准规定 ………………………………………… 152
  6.5.2 劳务派遣服务注意事项 ………………………………………… 155
  6.5.3 劳务派遣合同 …………………………………………………… 156
 6.6 劳务派遣服务常用文书 ………………………………………………… 160
  6.6.1 劳务派遣计划书 ………………………………………………… 160
  6.6.2 劳务派遣协议书 ………………………………………………… 163

第7章 人力资源外包服务 ……………………………………………………… 167

 7.1 人力资源外包服务的业务类型 ………………………………………… 168
  7.1.1 人力资源事务外包 ……………………………………………… 168
  7.1.2 招聘流程外包 …………………………………………………… 168
  7.1.3 薪酬外包 ………………………………………………………… 168
  7.1.4 福利外包 ………………………………………………………… 169
  7.1.5 岗位外包 ………………………………………………………… 169
 7.2 人力资源外包服务企业岗位设计与岗位说明 ………………………… 169
  7.2.1 人力资源外包服务企业组织架构 ……………………………… 169

  7.2.2　业务经理岗位说明书 ……………………………………………… 170
  7.2.3　客户服务经理岗位说明书 …………………………………………… 170
  7.2.4　社保顾问岗位说明书 ………………………………………………… 171
  7.2.5　薪酬专员岗位说明书 ………………………………………………… 171
  7.2.6　培训专员岗位说明书 ………………………………………………… 172
  7.2.7　销售顾问岗位说明书 ………………………………………………… 172
 7.3　人力资源外包服务业务制度设计 …………………………………………… 173
  7.3.1　人力资源外包服务规范 ……………………………………………… 173
  7.3.2　人力资源外包风险管理办法 ………………………………………… 174
 7.4　人力资源外包服务业务流程设计 …………………………………………… 176
  7.4.1　人力资源外包服务流程 ……………………………………………… 176
  7.4.2　社保代理操作流程 …………………………………………………… 177
 7.5　人力资源外包服务标准与合同 ……………………………………………… 178
  7.5.1　人力资源外包服务标准规定 ………………………………………… 178
  7.5.2　人力资源外包服务注意事项 ………………………………………… 179
  7.5.3　人力资源外包服务合同 ……………………………………………… 180
 7.6　人力资源外包服务商业模式创新 …………………………………………… 182
  7.6.1　人力资源资源外包+互联网 ………………………………………… 182
  7.6.2　薪酬外包+信息技术 ………………………………………………… 182
  7.6.3　薪酬服务+C 端增值服务 …………………………………………… 182

第8章　人力资源管理信息化服务 …………………………………………… 185

 8.1　人力资源管理信息化服务的业务类型 ……………………………………… 186
  8.1.1　人力资源管理软件 …………………………………………………… 186
  8.1.2　人力资源管理信息化服务 …………………………………………… 186
 8.2　人力资源管理信息化服务部岗位设计与岗位说明 ………………………… 186
  8.2.1　人力资源管理信息化服务部组织架构 ……………………………… 186
  8.2.2　人力资源管理信息化服务部经理岗位说明书 ……………………… 187
  8.2.3　软件开发人员岗位说明书 …………………………………………… 188
  8.2.4　系统维护人员岗位说明书 …………………………………………… 189
  8.2.5　开发测试人员岗位说明书 …………………………………………… 189

8.2.6　软件售前顾问岗位说明书 ································· 190
8.3　人力资源管理信息化服务业务制度设计 ······················· 191
　　8.3.1　人力资源信息化项目管理制度 ······························ 191
　　8.3.2　软件开发管理制度 ··· 192
　　8.3.3　平台开发管理制度 ··· 194
　　8.3.4　人力资源信息化项目奖金制度 ······························ 195
8.4　人力资源管理信息化服务业务流程设计 ······················· 197
　　8.4.1　软件开发流程 ··· 197
　　8.4.2　软件测试流程 ··· 198
　　8.4.3　人力资源管理信息化项目建设流程 ························ 199
8.5　人力资源管理信息化服务标准与合同 ·························· 200
　　8.5.1　人力资源管理信息化服务标准规定 ························ 200
　　8.5.2　人力资源管理信息化服务注意事项 ························ 200
　　8.5.3　人力资源管理信息化服务合同 ······························ 200
8.6　人力资源管理信息化服务常用文书 ····························· 202
　　8.6.1　人力资源管理信息系统说明书 ······························ 202
　　8.6.2　人力资源管理信息化建设项目建议书 ····················· 204
8.7　人力资源管理信息化服务商业模式创新 ······················· 205
　　8.7.1　人力资源管理信息化+移动云端服务 ······················ 205
　　8.7.2　人力资源管理信息化+SaaS 服务 ··························· 206
　　8.7.3　人力资源管理信息化+数据服务 ···························· 206

第 1 章

人力资源招聘服务

1.1 人力资源招聘服务的业务类型

1.1.1 网络招聘

网络招聘又称在线招聘,是指人力资源服务机构通过运用互联网技术向公众发布招聘信息,帮助用人单位完成招聘的过程。

网络招聘具有操作方式便捷、信息量大、招聘效率高、成本较低、不受地点和时间限制等优势。它不仅可以为用人单位"量体裁衣",提供具有互联网优势的人才解决方案,还可以为个人提供网上求职、简历中心、求职指导等个性化服务。

1.1.2 现场招聘会

现场招聘会是指人力资源服务机构在约定的时间和场地,组织用人单位和求职者进行洽谈、双向选择的人力资源交流活动。现场招聘会分为不定期招聘会和定期招聘会两种。

人力资源服务机构通过举办现场招聘会,使用人单位和求职者之间可以面对面地进行交谈,节省了用人单位和求职者的时间。

大部分现场招聘会具有特定的主题,如"应届毕业生专场""研究生学历人才专场""IT类人才专场"等,通过这种毕业时间、学历层次、专业领域等的区分,企业可以很方便地选择适合的专场设置招聘摊位进行招聘。

1.1.3 校园招聘

校园招聘是指人力资源服务机构到学校直接招募企业所需人员的招聘方式。这一方式主要具有招聘时间集中、招聘范围大、候选人专业多样化等特点。由于招聘对象基本上是应届毕业生,相对于社会上有经验的求职者,他们一般具有可塑性强、学习能力强、专业知识丰富等优势,但应届毕业生在工作经验、职业定位、职业规划等方面也有不同程度的不足,因此通过校园招聘可以招聘一些专业技术人才及储备人才。

1.2 人力资源招聘服务部岗位设计与岗位说明

1.2.1 人力资源招聘服务部组织架构

为企业提供优质的人才招聘服务是很多人力资源服务机构的一项重要业务,为更好地服务于用人单位,人力资源服务机构需配备合适的人员来完成这一工作。人才招聘服务部组织架构示例见下图。

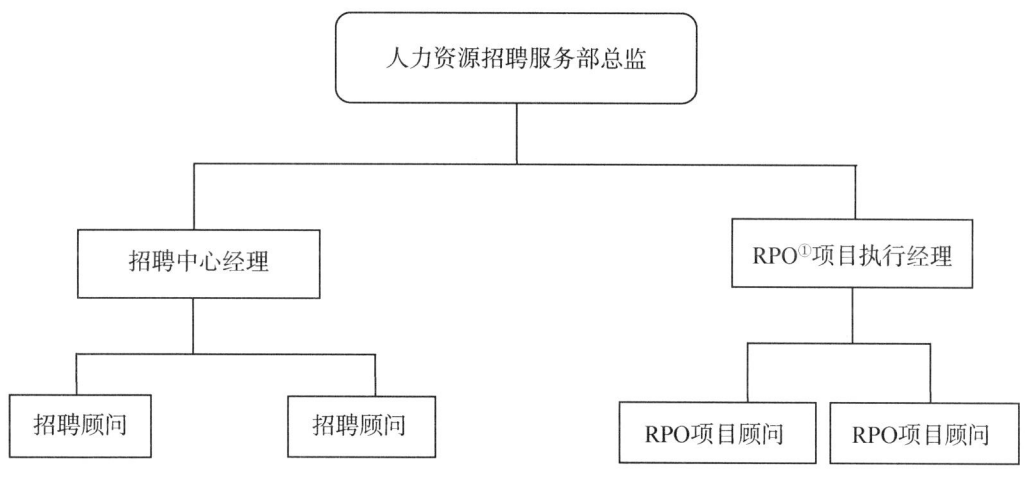

⊙ 人力资源招聘服务部组织架构示例

1.2.2 招聘顾问岗位说明书

岗位名称		招聘顾问	职位编号	
部 门		人力资源招聘服务部	直接主管	人力资源招聘中心经理
岗位概述		在所负责的业务单元内就招聘事宜等提供人力资源专业服务		
岗位职责	职责一	通过专业招聘工具,与客户有效沟通,深入理解客户的招聘需求		
	职责二	开拓各种人才招聘渠道并与之保持良好的关系		
	职责三	根据客户公司需求进行人才搜寻、电话面试、Face To Face(面对面)面试、人才评估、人才推荐等		

---

① RPO,Recruitment Process Outsourcing,即招聘流程外包,下同。

岗位职责	职责四	保持与客户沟通并协调跟进具体项目的进展
	职责五	对客户的招聘软件使用情况进行跟踪,并针对客户目前的问题制定合适的解决方案
任职条件	知识与技能	人力资源、企业管理相关专业本科及以上学历
		具备专业的招聘管理知识与能力,能熟练使用人才招聘相关工具
		工作积极主动,具备良好的沟通能力和分析、解决问题的能力
	工作经验	2年以上招聘顾问工作经验

1.2.3 RPO项目执行经理岗位说明书

岗位名称		RPO项目执行经理	职位编号	
部门		人力资源招聘服务部	直接主管	人力资源招聘服务部总监
岗位概述		负责RPO项目的统筹实施,完成业务指标		
岗位职责	职责一	协助业务团队对客户的招聘需求进行评估,并给予专业建议		
	职责二	精准理解客户需求,合理分配渠道资源与项目组人员的工作内容		
	职责三	在工作进展过程中对项目顾问的工作给予指导,确保团队内所有执行员工在RPO系统中正确及熟练工作		
	职责四	进行重点行业调研分析,通过各种媒介渠道开发新的人才资源,形成目标行业的人才储备库		
	职责五	对项目执行效果、客户满意度、招聘效果、风险控制等进行把控		
	职责六	积极解决项目执行中的问题,持续优化客户关系		
任职条件	知识与技能	工商企业管理、心理学、人力资源管理等相关专业本科及以上学历		
		掌握人力资源专业知识		
		具备良好的人际关系处理能力及优秀的沟通能力		
	工作经验	3年以上招聘工作经验,其中1年以上人事外包、猎头或RPO项目管理岗位经验		

1.2.4 RPO项目顾问岗位说明书

岗位名称		RPO项目顾问	职位编号	
部门		人力资源招聘服务部	直接主管	RPO项目执行经理
岗位概述		负责项目的执行,确保项目交付的时效、数量、质量		
岗位职责	职责一	与客户保持积极、良好的沟通,并及时反馈客户的各项需求、建议和意见		
	职责二	制定RPO项目的实施方案		
	职责三	负责候选人的搜寻、面试、评估及招聘会的现场组织和整体项目统筹		

岗位职责	职责四	对项目招聘节点进行及时反馈和跟踪，沟通并解决招聘执行过程中的各种问题，保证招聘项目交付的时效、数量、质量
	职责五	完成项目招聘结项报告、招聘资料归档及招聘总结，并协助推动未来的招聘合作
	职责六	在招聘领域为客户提供专业性的意见，为候选人提供职业发展的意见和指导
	职责七	对成功经验、甲方客户反馈建议等进行汇总分析，形成文字材料反馈给业务部门及领导
	职责八	定期、不定期地开展市场调查，收集并整理行业、竞争对手等相关信息，形成市场分析报告
任职条件	知识与技能	人力资源管理相关专业本科及以上学历
		掌握人力资源专业知识
		具备较强的执行力、良好的沟通技巧和人际交往能力
	工作经验	2年以上人力资源招聘服务乙方工作经验（猎头或RPO服务）或者企业人力资源招聘经验

1.3 人力资源招聘服务业务制度设计

1.3.1 人力资源招聘服务规范

制度名称	人力资源招聘服务规范	编　号	
		版　本	

第1章　总则

第1条　为了规范人力资源招聘服务的实施程序，特制定本规范。

第2条　本规范所称人力资源招聘服务是指人力资源服务机构为用人单位招聘人员和为劳动者提供求职等服务活动。

第2章　用人单位服务流程

第3条　在接到用人单位的招聘委托意图后，应对用人单位的资质进行审查，确定用人单位提供的相关信息的真实性。

第4条　登记用人单位的招聘需求，具体内容包括但不限于下列几项：公司简介、工作时间、工作地点、招聘岗位的类别、岗位任职者基本要求、招聘人数、招聘时限、用人单位的预算、社会保险及录用办法等。

第5条　在登记信息后，应对用人单位的业务需求进行分析，分析结束后，应同用人单位进行沟通，并将业务分析结果告知用人单位。

第6条 对于接受的招聘委托,应及时将结果告知用人单位,并与之签订"委托招聘协议书",协议书内容包括双方权利和义务、收费标准、付费方式、违约责任及争议处理等。

第7条 根据用人单位的招聘需求,选择合适方式发布招聘信息,明确招聘单位名称、招聘岗位名称、招聘人数、本机构的名称、岗位任职者资格要求、岗位职责、薪资范围等信息。

第8条 按职位要求对求职个人进行初选,也可为用人单位提供自助查询服务。此外,还需向用人单位提供候选人信息,确定候选人,并同用人单位一起确定复试时间、复试地点等。

第9条 对用人单位招用人员情况进行后续跟踪回访。

第10条 相关材料及时归档,归档材料应包括服务协议书、用人单位提交的材料、候选人信息资料、服务记录等。

第3章 求职者服务流程

第11条 登记并查验求职者有效证件、基本信息。

第12条 详细了解求职者的专业特长、就业意向、薪酬要求等个人条件及意愿,并约定服务事项。

第13条 根据求职者的需求查询、搜索匹配岗位,为求职者推荐合适的岗位,协助应聘。

第14条 对求职者面试情况进行跟踪回访,未成功的继续予以推荐。

第15条 相关材料及时归档,归档材料应包括服务协议书、求职者提交的材料、用人单位信息资料、服务记录等。

第4章 附则

第16条 本规范经公司总经理批准后执行。

编制日期		审核日期		批准日期	
修改标记		修改处数		修改日期	

1.3.2 招聘服务会员制度

制度名称	招聘服务会员制度	编　号	
		版　本	

第1条 目的
1. 为满足市场发展的需要,更好地进行人才配置,特针对用人单位推出会员制。
2. 通过会员制的实行,本公司可以更好地为用人单位提供优先、优惠、优质的服务。

第2条 适用范围
本制度适用于会员单位管理的相关工作。

第3条 定义说明
1. 本制度所指会员制是指由本公司针对用人单位提出的服务项目。
2. 本制度所称会员形式主要是指网络会员。

第4条 申请条件及程序
1. 申请条件
本公司针对用人单位,特推出月度、季度、半年度、年度四种会员类别,根据所缴纳会费金额的不同，会员等级不同，相应的权利也有区别。

2. 申请程序

（1）用人单位填写《入会申请表》，由本公司相关人员进行审核。

（2）根据协商所达成的结果，签订相关的服务协议，由本公司发放会员卡。

第 5 条　会员权利与义务

1. 权利

（1）在会员期内，会员单位可在本公司服务网站上发布招聘信息，查看求职人员的详细资料。

（2）本公司可以免费为会员单位制作招聘简章以及提供人事政策、专业技术资格评审等咨询服务。

（3）对于会员单位的招聘委托，本公司将优先受理。

2. 义务

（1）保证提供真实、准确的单位资料及用人信息。

（2）在寻找到合适的人才后，及时办理相关的入职手续。

（3）未经本公司允许，会员单位不得将本公司所提供的会员账号转借给他人使用，若有违反，一经查实除补缴费用外，还将面临封号危险。

（4）会员单位在会员期限结束前，若需续签，应及时缴纳会员费用。

第 6 条　会员卡的使用

1. 首次登录

进入官网，在登录页面输入本公司提供的账号及原始密码，点击登录，成功登录后，可进入会员中心查看及完善个人的相关信息，以及进行密码的修改。

2. 密码修改

为安全起见，会员单位应在登录后，在个人中心页面选择密码修改，修改原始密码。

3. 服务退订

如果会员单位开启了自动刷新、自动推荐等服务，需要修改时，可进入个人中心页面进行修改。

第 7 条　规则变更

1. 如相关规则有所变动，以会员服务资料为准。

2. 本公司通知或告知变更内容后，若会员单位继续试用此卡或不进行退卡，则默认为同意变更事项。

第 8 条　会员卡挂失、补办

1. 会员卡遗失后，会员单位可凭借相关证明至本公司办理挂失。为保证会员单位的合法权益，由他人代办挂失手续的，必须有双方的有效证件才可办理。挂失办理后立即生效。

2. 如挂失后需要补办会员卡，需重新填写《入会申请表》，由本公司相关人员在申请表上注明遗失的卡号及时间，并注销原来的卡。补办后原会员卡的相关信息可以转移到新卡上。

第 9 条　附则

1. 本制度由公司客户服务部负责制定，修改时亦同。

2. 本制度自下发之日起执行。

编制日期		审核日期		批准日期	
修改标记		修改处数		修改日期	

1.3.3 信息发布审查和投诉处理制度

制度名称	信息发布审查和投诉处理制度	编　号	
		版　本	

第1章　总则

第1条　目的
为达到以下目的，特制定本制度。
1. 规范用人单位信息发布，加强网站信息发布管理，防止失密和泄密现象发生。
2. 严格贯彻相关法律法规，维护正常的招聘市场秩序，严厉打击非法招聘。
3. 及时有效地处理用人单位的投诉、举报。

第2条　适用范围
本制度适用于用人单位信息发布审查、投诉工作的管理。

第3条　术语解释
本制度所指信息发布审查和投诉处理是指本公司对用人单位所发信息进行审查及对违法信息举报、投诉进行处理。

第2章　信息发布审查管理

第4条　信息发布要求
1. 信息发布方应确保所发布信息的真实性、准确性，符合相关法律法规的规定。
2. 信息发布方应对所发布信息进行登记备案，以便于后期查找及管理。
3. 信息审核人员应充分理解相关法律法规，确保能认真执行信息发布审核管理工作，杜绝违反规定的情形发生。

第5条　信息发布标准
1. 客观准确。所发布信息应是对企业实际的客观反映，不得进行夸大而误导应聘人员。
2. 引人注意。应能激发求职者兴趣，并易于理解。
3. 内容详细。应对拟招聘人员的相关要求进行具体描述，便于后期更快速地挑选合适人员。
4. 条件清楚。工作时间、工资待遇等条件要有具体、明确的标注，以节省双方的时间，有利于寻找到最合适的候选人。

第6条　信息发布审查程序
1. 成立信息发布审查小组，具体负责发布信息的审核管理。
2. 审查小组成员对用人单位所发布的招聘信息进行严格审核、管理，以确保招聘信息的合法性、准确性、真实性，禁止不符合相关规定的招聘信息出现在本公司的信息平台上。
3. 在审查之后，由审查小组对信息是否可以发布给出意见，若可以发布则发布，不可以发布则根据相关标准提出修改建议。

第3章　举报、投诉处理管理

第7条　举报、投诉处理原则
1. 坚持实事求是、客观公正的原则。
2. 坚持严格管理、违纪必究的原则。
3. 坚持主管人员负责的原则。

第8条　举报、投诉处理的依据

《计算机信息网络国际联网安全保护管理办法》《中华人民共和国计算机信息系统安全保护条例》《信息网络传播权保护条例》和《中华人民共和国广告法》等法律法规。

第9条 举报、投诉可受理的情形
1. 捏造或者歪曲事实、散布谣言、扰乱社会秩序的。
2. 公然侮辱他人或者捏造事实诽谤他人的。
3. 所发布信息与实际情况不符、发布虚假信息的。
4. 其他违反法律法规的情形。

第10条 投诉、举报不予采纳的情形
1. 不属于业务范围内的。
2. 不属于受理咨询、投诉、举报范围内的。

第11条 举报、投诉处理时限
1. 对一般性举报、投诉，应在____小时内办结，并将办理结果答复投诉（举报）人。
2. 对于比较复杂的举报、投诉，应在____个工作日内办结，并将办理结果答复投诉（举报）人。

第4章 附则

第12条 本制度由公司行政部和招聘部共同制定、解释与修订。
第13条 本制度经公司总经理批准后颁布执行。

编制日期		审核日期		批准日期	
修改标记		修改处数		修改日期	

1.3.4 现场招聘会服务规范

制度名称	现场招聘会服务规范	编　号	
		版　本	

第1章 总则

第1条 目的
为保障用人单位和应聘人员的合法权益，提高现场招聘会服务质量，特制定本规范。

第2条 适用范围
本规范适用于本公司人才招聘会招聘工作的组织、实施和管理。

第3条 术语解释
本规范所称现场招聘会是指由本公司组织，为用人单位和求职者双方提供的进行洽谈的平台。现场招聘会包括定期招聘会和不定期招聘会两种。

第2章 前期安排

第4条 发布招聘会广告
在招聘开始前，应制定并发布招聘会广告，内容包括招聘会名称、招聘会时间及地点、招聘会内容及参加对象、招聘会规模、参会要求及报名办法、咨询及联系方式等。

第5条 征集参会对象并告知规则

1. 邀请用人单位并对用人单位的资质进行审查。
2. 审查结束后,整理相关信息,发放相关参会凭证。
3. 用人单位应严格遵守的参会规则
(1) 如实公布单位名称、地址、联系方式以及拟招聘的岗位、数量、条件等信息。
(2) 招聘条件不应有歧视性内容。
(3) 不应以任何名义向求职者收取费用或要求求职者以财产、证件作抵押。
(4) 未经求职者同意,不应擅自发布、泄露其资料和信息或使用其技术、智力成果等。

第6条 人员安排
1. 招聘会现场工作人员应接受岗前培训,熟悉招聘会业务;定期招聘会现场工作岗位及人员宜相对稳定。
2. 招聘会现场工作人员数量与招聘展位数量的比例不应低于1∶10。
3. 招聘会现场应配有医务人员和专门保安人员。

第7条 场地布置
根据相关规定,招聘会场地、设施应符合以下条件。
1. 所处地理位置交通便利。
2. 环境整洁,通风良好,照明适度,温度适宜。
3. 场地面积应与招聘会规模相适应,每个展位均摊公共面积不应低于5平方米。
4. 场地、设施应符合消防安全规范,每个场馆至少有两个安全出入口,安全出入口和安全通道应设置明显的指示标识,通道宽度符合疏散要求,并保证畅通。
5. 配备应急广播、照明、消防设施,并确保完好、有效。
6. 有男、女分设的公共卫生间,并有明显标识。
7. 设立安全缓进通道和安全检查设备、设施。

第3章 过程管理

第8条 招聘会期间管理
在招聘会期间,本公司应主要做好以下四项工作。
1. 维持现场秩序,做好会务服务工作。
2. 对招聘活动进行监督管理,受理投诉,提供咨询,维护用人单位和求职者双方合法权益。
3. 密切关注招聘会动向,与公安、消防等部门保持联系,发现异常及时协调处理。
4. 处理突发事件。

第9条 招聘会后管理
1. 对招聘会作出书面总结并上报主管部门备案。
2. 对招聘会的供求信息及招聘结果进行统计。
3. 收集相关文件、资料,并整理归档。

第10条 突发情况管理
为预防突发事件的发生,在招聘会开始前,应制定相关方案、预案,以下是主要的方案、预案类型,包括但不限于以下类型。
1. 安全保卫方案
(1) 安全保卫措施。
(2) 明确安全保卫责任人,签订各组负责人安全岗位责任书。
(3) 遇到紧急情况时的人员疏散措施。
(4) 针对老年人、残障人士等特殊群体的安全防护措施。

2. 消防安全方案

（1）消防安全措施。

（2）确定消防安全责任人和职责分工。

（3）遇到紧急情况时的人员疏散措施。

3. 突发事件应急预案

（1）出入口及通道出现拥堵时的措施。

（2）参会人员超过预计人数时的措施。

（3）场馆内外人员过多、秩序出现混乱时的措施。

（4）发现可疑人员或物品时的措施。

（5）场馆发生停电等紧急情况时的措施。

4. 其他情况应急预案

（1）招聘会因故中止时的措施。

（2）发生伤病时的救助措施。

（3）防恐、防盗措施。

（4）出现自然灾害时的措施。

（5）出现其他安全隐患时的措施。

第 4 章　应聘者管理

第 11 条　应聘者的基本要求

应聘者必须是符合国家相关人才流动政策规定的各类人员，年满 16 周岁，有劳动能力且有就业愿望，并持有本人有效证件。

第 12 条　应聘者须具备的条件

应聘者须向招聘工作人员提供个人基本情况及与应聘岗位直接相关的知识技能、工作经历、就业现状等情况，并出示相关证明。

编制日期		审核日期		批准日期	
修改标记		修改处数		修改日期	

1.4 人力资源招聘服务业务流程设计

1.4.1 网络招聘业务流程

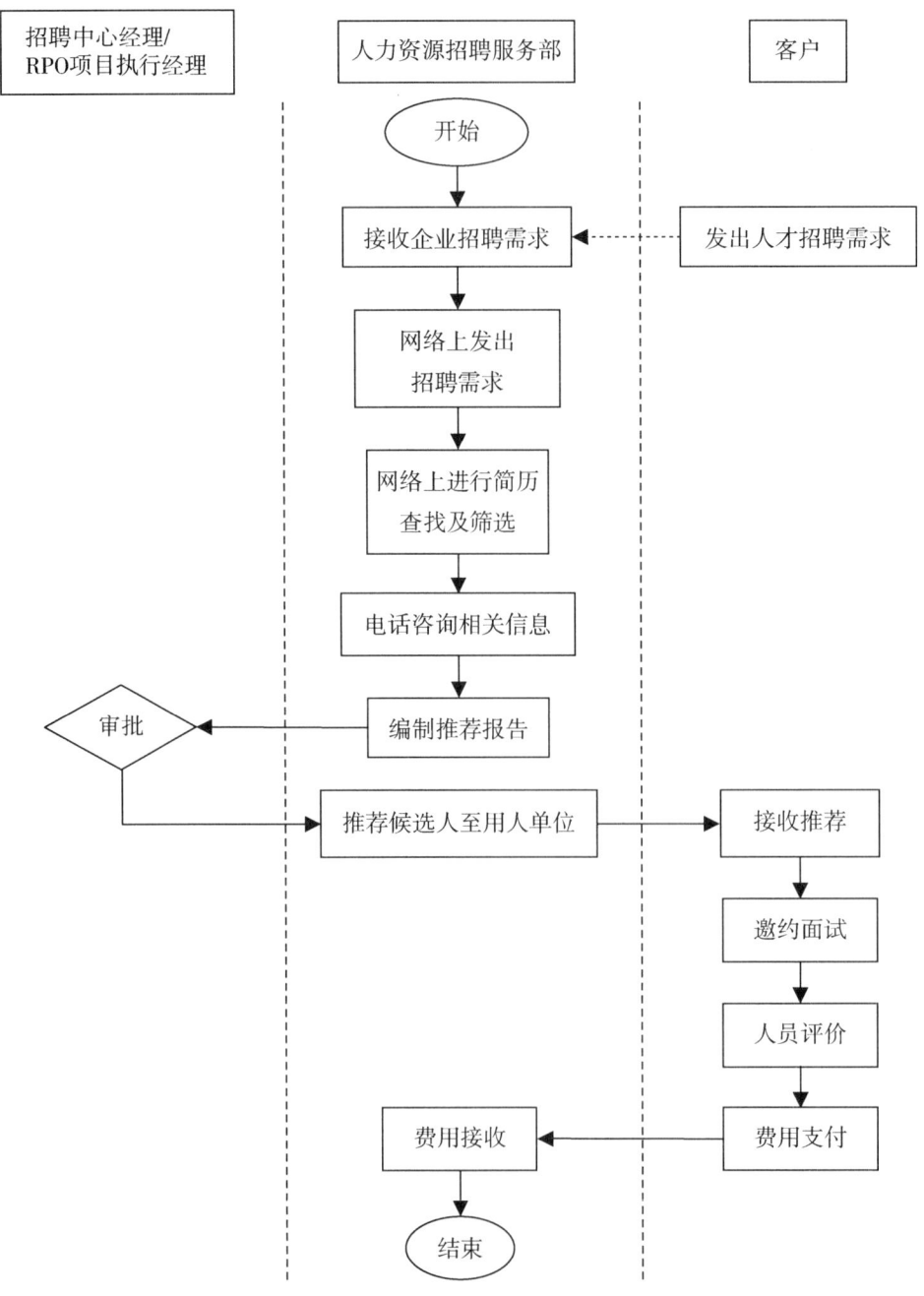

1.4.2 招聘会业务流程

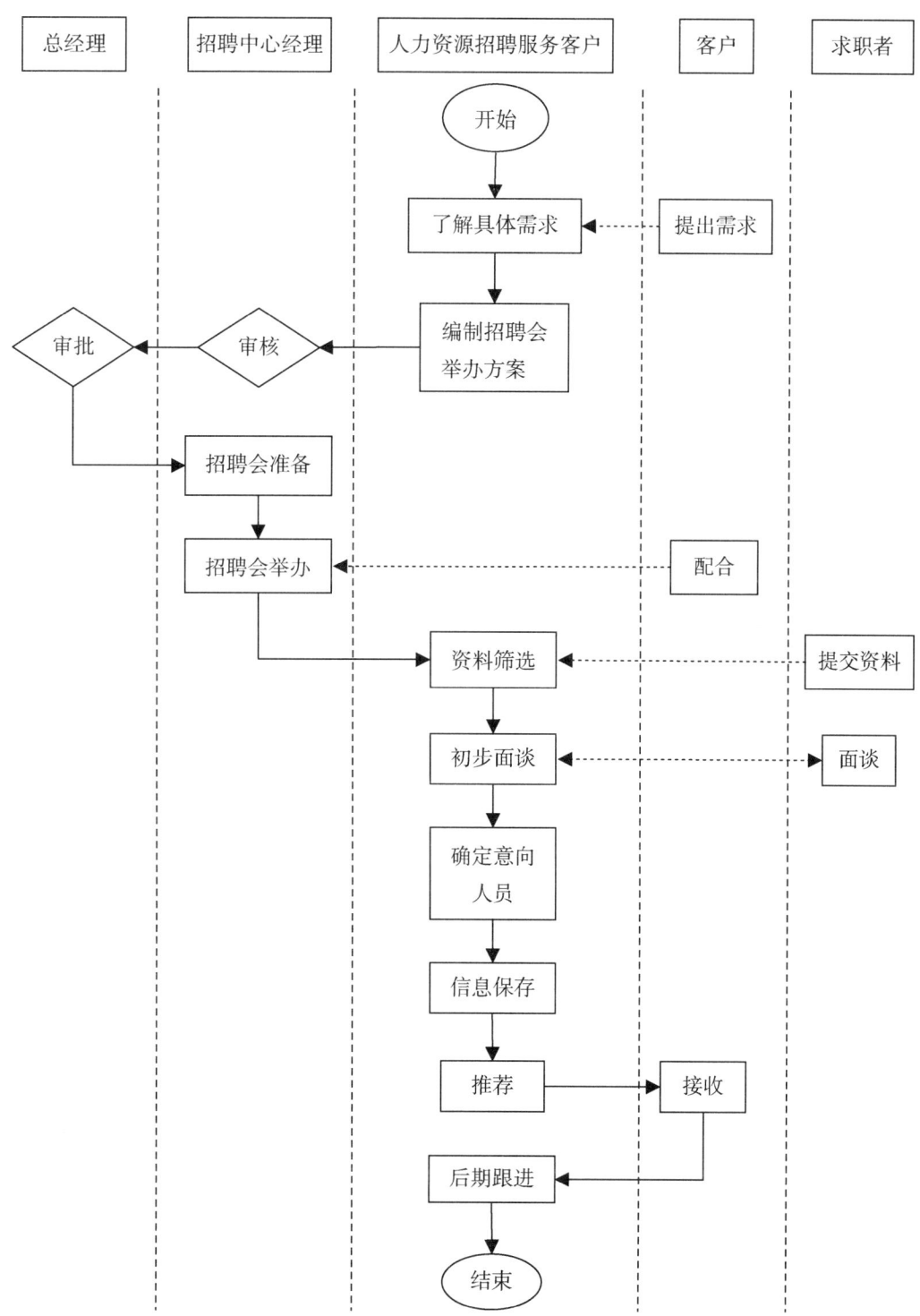

1.4.3 代理招聘业务流程

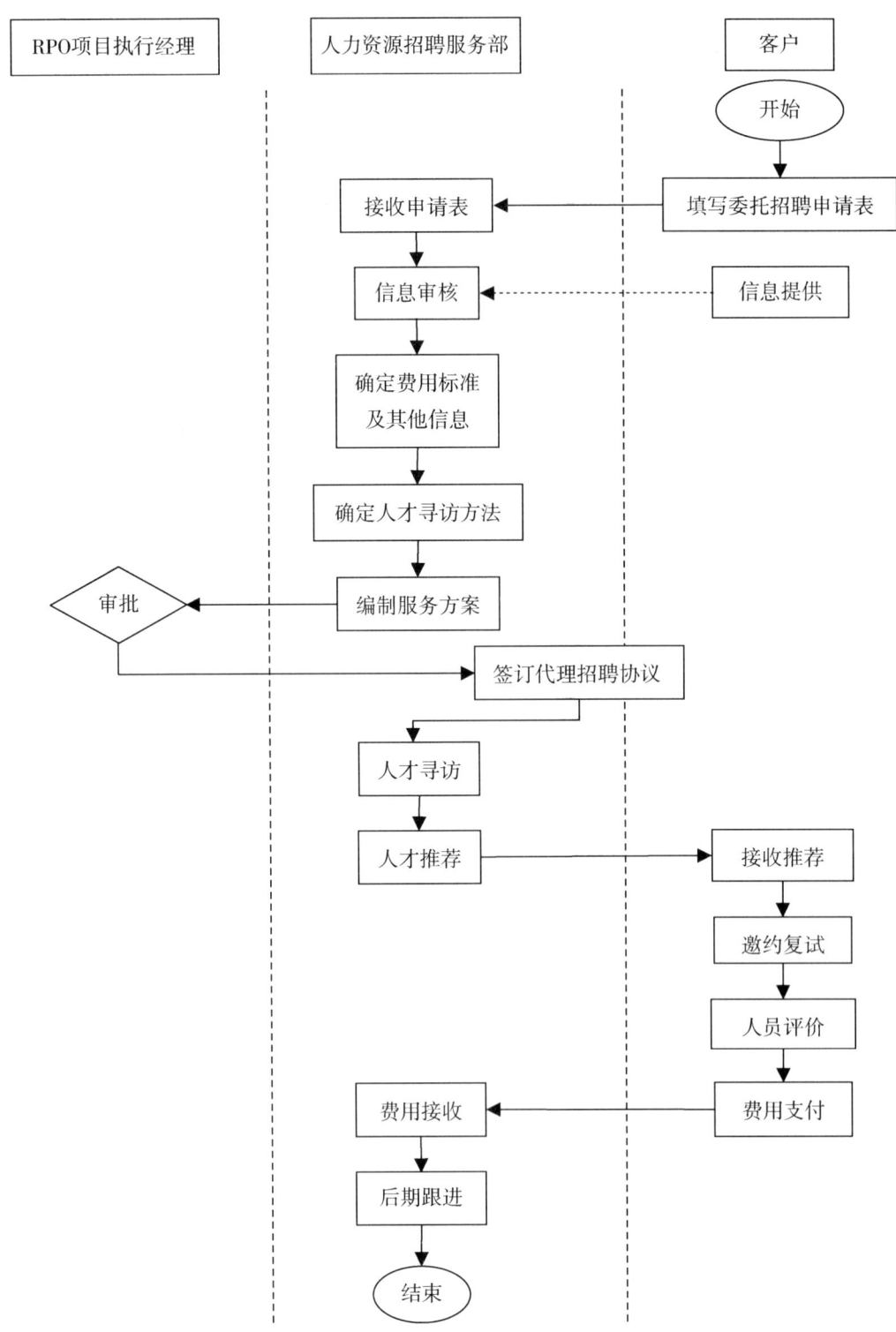

1.4.4　校园招聘业务流程

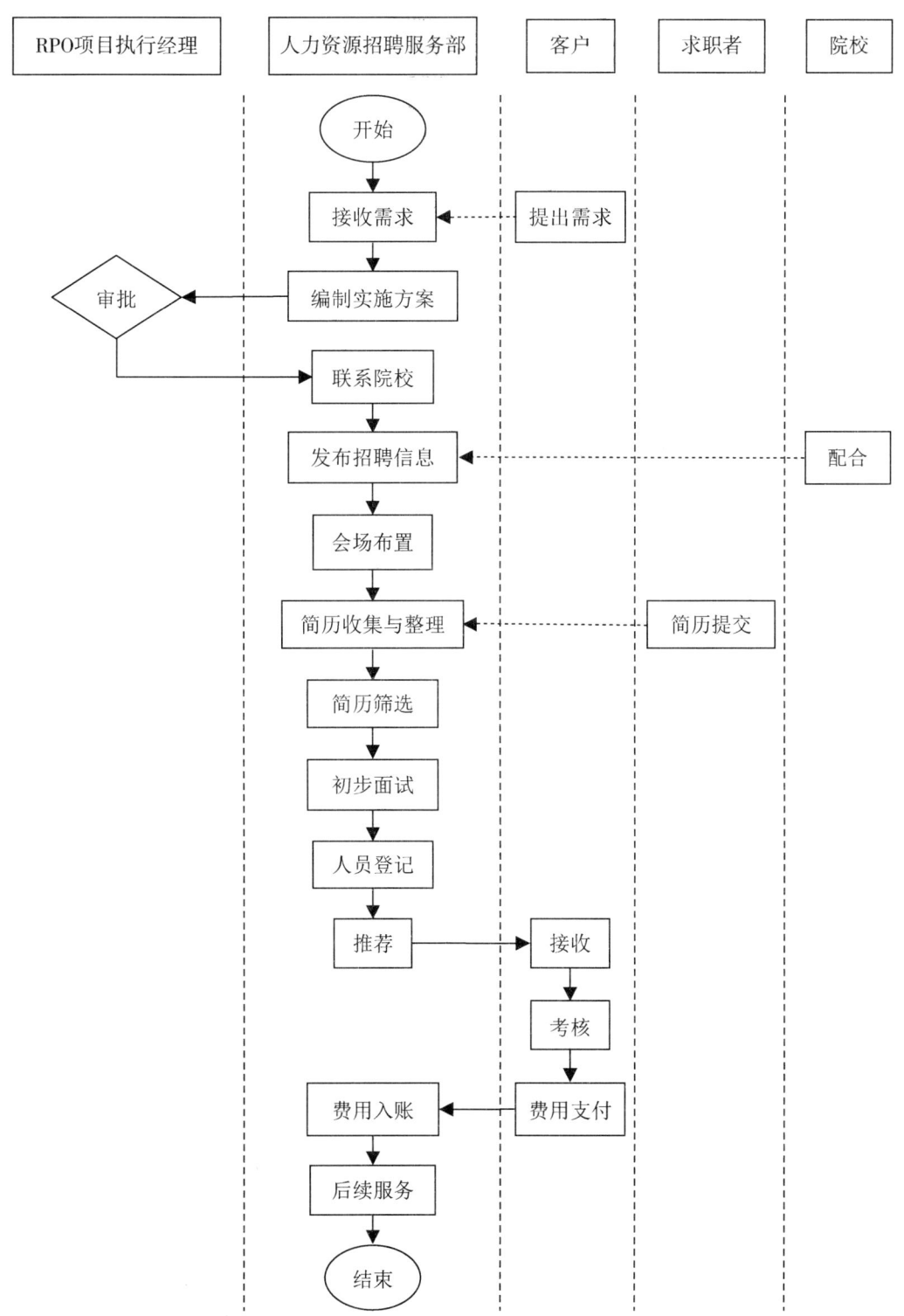

1.5 人力资源招聘服务标准与合同

1.5.1 人力资源招聘服务标准规定

1. 关于人才中介服务机构的成立条件

《人才市场管理规定》第六条对人才中介服务机构的成立条件作了相关规定。

设立人才中介服务机构应具备下列条件：

（一）有与开展人才中介业务相适应的场所、设施。

（二）有5名以上大专以上学历、取得人才中介服务资格证书的专职工作人员。

（三）有健全可行的工作章程和制度。

（四）有独立承担民事责任的能力。

（五）具备相关法律、法规规定的其他条件。

2. 关于接受委托招聘的规定

《人力资源市场暂行条例》第二十七条规定："人力资源服务机构接受用人单位委托招聘人员或者开展其他人力资源服务，不得采取欺诈、暴力、胁迫或者其他不正当手段，不得以招聘为名牟取不正当利益，不得介绍单位或者个人从事违法活动。"

3. 关于招聘会举办的规定

对于人力资源服务机构举办招聘会、交流会，《人力资源市场暂行条例》第二十八条和二十九条作了相关规定。

第二十八条　人力资源服务机构举办现场招聘会，应当制定组织实施办法、应急预案和安全保卫工作方案，核实参加招聘会的招聘单位及其招聘简章的真实性、合法性，提前将招聘会信息向社会公布，并对招聘中的各项活动进行管理。

举办大型现场招聘会，应当符合《大型群众性活动安全管理条例》等法律法规的规定。

第二十九条　人力资源服务机构发布人力资源供求信息，应当建立健全信息发布审查和投诉处理机制，确保发布的信息真实、合法、有效。

人力资源服务机构在业务活动中收集用人单位和个人信息的，不得泄露或者违法使用所知悉的商业秘密和个人信息。

此外,《现场招聘会服务规范》对现场招聘会举办中的工作人员配备、场地及设施等都作出了明确的规定。具体内容见下表。

⊙ 规范项目及具体内容

规范项目	具体内容
人员安排	1. 招聘会现场工作人员应接受岗前培训,熟悉招聘会业务;定期招聘会现场工作岗位及人员宜相对稳定 2. 招聘会现场工作人员与招聘展位数量的比例不应低于1∶10 3. 招聘会现场应配有医务人员和专门保安人员
场地布置	1. 场地面积应与招聘会规模相适应,每个展位均摊公共面积不应低于5平方米 2. 场地、设施应符合消防安全规范,每个场馆至少有两个安全出入口,安全出入口和安全通道应设置明显的指示标识,通道宽度符合疏散要求,并保证畅通 3. 配备应急广播、照明、消防设施,并确保完好、有效 4. 有男、女分设的公共卫生间,并有明显标识 5. 设立安全缓进通道和安全检查设备、设施

4. 禁止的行为

《就业促进法》第四十一条对职业中介机构的禁止行为作了相关规定。

职业中介机构不得有下列行为:

(一)提供虚假就业信息。

(二)为无合法证照的用人单位提供职业中介服务。

(三)伪造、涂改、转让职业中介许可证。

(四)扣押劳动者的居民身份证和其他证件,或者向劳动者收取押金。

(五)其他违反法律、法规规定的行为。

1.5.2 人力资源招聘服务注意事项

在人力资源招聘服务过程中,人力资源服务机构需严格遵守有关规定。下面列举的几种情形是人力资源服务机构需要规避的。

1. 就业歧视

就业歧视是指用人单位因求职者的性别、年龄、身高、相貌、民族等因素,而排斥某类别求职者或给予某类别求职者优惠的侵害求职者平等就业权的行为。

《劳动法》第十二条规定："劳动者就业，不因民族、种族、性别、宗教信仰不同而受歧视。"

2. 虚假信息

用人单位为了吸引求职者应聘，故意未在招聘信息中对岗位薪酬的具体情况进行明确说明，存在误导求职者、以高薪引诱求职者的嫌疑。

《就业服务与就业管理规定》第十二条规定："用人单位招用人员时，应当依法如实告知劳动者有关工作内容、工作条件、工作地点、职业危害、安全生产状况、劳动报酬以及劳动者要求了解的其他情况。"

3. 要上岗先交费

在招聘过程中，一些用人单位会出现向应聘人员非法收取费用的行为，即"先交费、再上岗"，具体有收取押金、收取招聘服务费用等形式。

《中华人民共和国劳动合同法》第九条规定："用人单位招用劳动者，不得扣押劳动者的居民身份证和其他证件，不得要求劳动者提供担保或者以其他名义向劳动者收取财物。"

1.5.3　人力资源招聘服务合同

文书名称	人力资源招聘服务合同	编　号	
		版　本	
甲方：（委托方）××有限公司 乙方：（受托方）××人力资源招聘服务公司 甲方委托乙方代理招聘人才，为确定双方的权利和义务，根据《中华人民共和国合同法》和其他有关法律、法规，双方本着平等、互利、自愿的原则，经友好协商，订立本合同。 一、合作期限 　1. 本次合作期限为____年。 　2. 双方可根据合作意愿和实际情况在本次合作结束后续签合同，并共同商议开拓新的合作领域，建立新的合作意向。 二、甲方的权利和义务 　1. 甲方须向乙方提供有效的营业执照副本复印件、公司简介并填写《企业招聘委托书》。 　2. 甲方应为乙方提供公司的详细书面资料，包括公司业务介绍、工作环境、公司的长远发展目标等，并提供委托招聘岗位的岗位描述和要求。			

3. 甲方不得提供虚假的用人信息和作出虚假承诺，如因甲方提供虚假信息或作出虚假承诺造成乙方或第三方损失的，甲方须按本合同约定金额赔偿。

4. 甲方在收到乙方提交的候选人资料后，应在5个工作日内通知乙方是否要求候选人面试；如果要求，应及时告知面试的时间和地点，或者通知乙方是否需要补充候选人其他方面的资料。

5. 如甲方准备与乙方所推荐的候选人签订聘用合同，应在5个工作日内将所聘人员职位、薪资标准等情况以书面形式通知乙方。

6. 甲方不能利用乙方推荐的人选及资料私下录用候选人，同时须及时按本协议支付乙方信息服务费。

三、乙方的权利与义务

1. 乙方应在接受甲方委托后认真开展寻访工作，按甲方需求在委托期内提供相应适合的人选供甲方选择，并保证所推荐候选人的个人资料真实、有效。

2. 乙方应及时、高效地完成甲方委托的招聘，自协议生效起____个工作日内开始提供职位初选人才信息，并保证在接受甲方委托后一周内提供至少1个候选人的资料。

3. 乙方按合同约定收取甲方的信息服务费，并对甲方咨询的内容及甲方企业的任何资料信息负有保密责任，该保密责任在合同因正常原因终止或期满后继续存在。甲方提供的营业执照复印件，乙方只能用作寻找人才使用，不得他用。

4. 乙方应及时将寻访工作进展等情况与甲方沟通，对寻访过程中出现的困难和新问题及时与甲方协商对策。

5. 乙方为甲方所推荐人才若因乙方原因未被甲方录用，则乙方应继续为甲方推荐人才。

6. 乙方所推荐人才应有____个月的试用期，若试用期内辞职或被甲方认为不能胜任工作，乙方依据本合同相关条款继续为甲方推荐（除非甲方要求停止推荐）。

7. 乙方所推荐候选人如被甲方录用为本合同约定之外的职位，乙方按本合同约定职位相同标准收取信息服务费。

8. 乙方推荐的候选人被甲方录用任职后，半年内乙方不得再将此人推荐给另一公司。

四、费用支付

1. 按《委托招聘资费表》所列价格，本合同收费金额为人民币____元。

2. 自签订合同起甲方须在两个工作日内一次性支付委托招聘信息服务费____元给乙方。其余费用依照如下办法支付：在候选人被甲方录用上岗后一周内支付总费用的____%；在候选人试用期内结清剩余____%；试用期内候选人因个人原因辞职或甲方认为不能胜任工作，乙方须继续免费向甲方推荐合适人选或退还已收服务费用的____%。

五、合同生效、变更与终止

1. 本合同自甲乙双方盖章签字之日起生效。

2. 如本合同在履行过程中发生需要变更、补充和修改的情况，可根据双方的合作意愿和实际情况进行友好协商，经双方同意后对合同进行变更。未经双方同意，任何一方不得随意更改。

3. 若合同在履行期间因单方原因提出终止，双方应在友好协商的基础上，在满足合同相关要求的前提下，经双方同意后终止合同。

六、违约责任

任何一方未按合同履行义务而导致本合同无法继续生效时，违约方须支付给被违约方合同金额____%的赔偿金。若不能就赔偿金达成一致，则交由所在地劳动争议仲裁委员会进行调解仲裁。

七、其他				
1. 合同签订双方均对合同的内容完全了解且没有异议,双方将严格遵守本合同所有条款。 2. 本合同未尽事宜经双方协商一致后可追加补充合同。补充合同与本合同具有相同的法律效力。 3. 本合同一式四份,正式文本甲乙双方各执两份。 甲方:××有限公司(盖章) 乙方:××人力资源招聘服务公司(盖章) 代表(或授权)人: 代表(或授权)人: ___年___月___日 ___年___月___日				
编制日期		审核日期		批准日期
修改标记		修改处数		修改日期

1.6 人力资源招聘服务常用手册与方案

1.6.1 RPO产品手册

1. RPO服务的特点

RPO即招聘流程外包,是一种以客户为导向、以项目为建制的招聘解决方案服务,是着眼于在较长的招聘周期内满足客户大规模招聘需求而提供的定制化解决方案。

招聘流程外包服务作为人力资源外包的一种方式,主要有下图所示的几个特点。

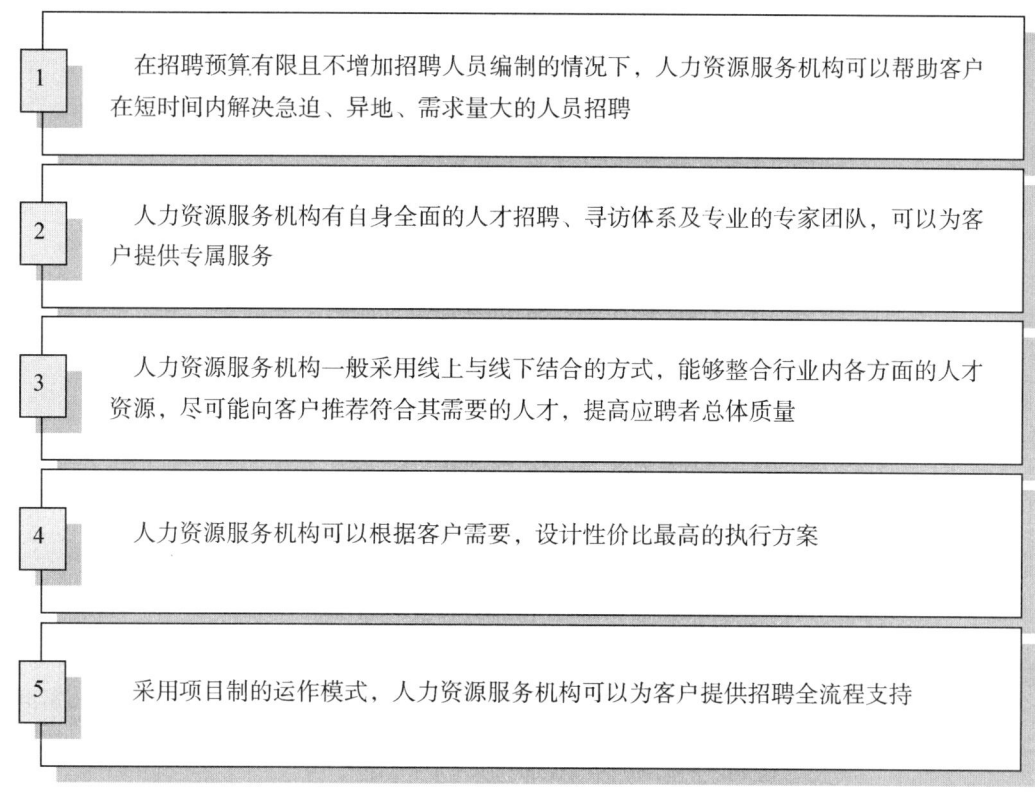

⊙ RPO 服务的特点

2. 产品类型及定位

RPO 产品类型主要有一站式招聘服务、项目制招聘服务、专场招聘服务、校园招聘服务、中高端职位推荐服务五种,具体内容见下表。

⊙ RPO 产品类型及定位

类型	说明	特点
一站式招聘服务	是指从确定职位描述开始,分析用人理念、职位需求,与用人部门负责人沟通,筛选简历,人才测评,面试,录用通知,直至候选人报到、回访的全过程服务	主要针对由于 HR 工作量大而无法兼顾招聘、面试等工作的;可以为客户提供面试、测评、录用等全方位服务,减少 HR 的后顾之忧
项目制招聘服务	是指针对客户不同需求及预算编制相应的执行方案,为客户按比例推荐合格候选人进行面试的服务	主要为招聘量大、因不确定因素发生紧急招聘、中低端岗位招聘的客户服务;可以短期内快速进行推荐,着重解决紧急批量招聘

续表

类型	说明	特点
专场招聘服务	是指为满足多部门或集团型客户的招聘需求，由人力资源服务机构以场次为单位开展的招聘活动	主要适用于多部门、集团型的招聘或招聘量大、紧急的招聘；可同时解决多部门或集团型客户的招聘需求；面试时间统一安排，提高了招聘效率
校园招聘服务	是指在客户内部HR资源有限、无法应对繁杂的应届生招聘事宜的情况下，由人力资源服务机构采用"定向、主动"的方式联系学校开展的招聘活动	适用于对招聘学生有精准要求的客户
中高端职位推荐服务	是指对有定向挖掘要求的客户提供性价比高的中高端职位招聘服务	最大限度地降低了客户HR的工作量，适用于组织架构和管理制度比较完善的客户

3. 优势与特色

人力资源服务机构为客户提供招聘流程外包服务，相对于客户本身的招聘主要有下图所示的优势与特色。

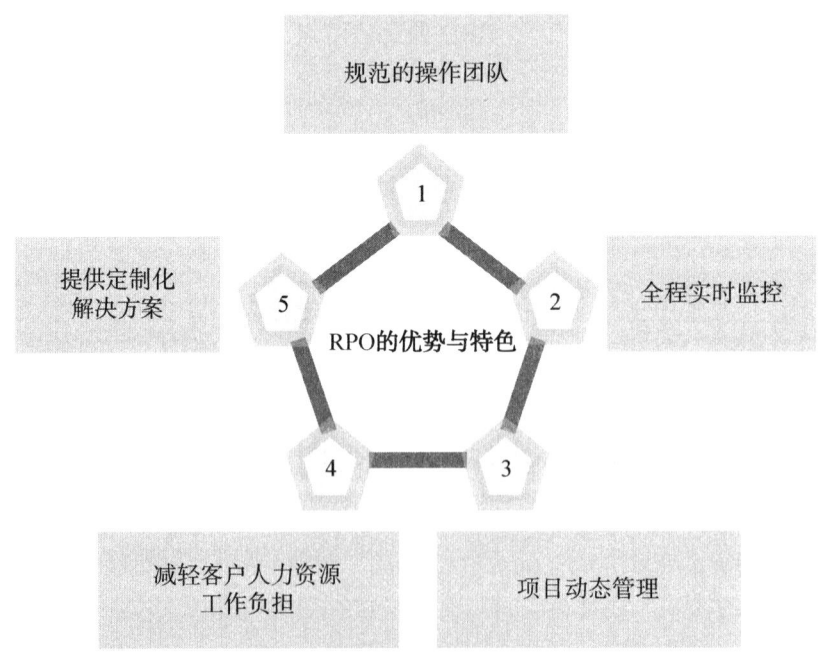

⊙ RPO的优势与特色

4. 服务流程

（1）采集客户信息，与客户进行访谈，了解实际需求，进行实地调研。

（2）研究客户的招聘信息及岗位需求，并组建相应的工作小组。

（3）制定相应的服务草案，与客户进行商讨，最终确定服务方案并与客户签订服务协议。

（4）在项目实施过程中对进度进行反馈，并及时调整服务方案。

（5）在项目执行完成后，积极总结，为下一次服务的改进提供参考。

5. 服务的客户（略）

1.6.2 RPO方案样本

1. 项目分析

项目分析主要是指对客户概况、职位信息，以及面试流程、招聘周期等进行分析，具体内容见下表。

⊙ 项目分析

信息类别	具体内容
客户概况	发展状况（发展速度、拥有的荣誉、创造的成绩等） 企业文化（目标、理念等） 企业性质 企业规模（注册资金、人数、面积等） 外界对企业的评价
职位信息	职位名称 岗位职责 任职要求（学历、专业、工作经验等） 薪资范围 福利待遇 工作时间与地点
其他信息	招聘需求产生的原因 曾使用过的招聘渠道（是否使用过RPO服务） 面试流程 招聘周期 在招聘过程中曾遇到什么问题

2. 候选人存量分析

在知晓客户需求之后，人力资源服务机构应利用本公司的相关资源库分析符合职位需求的候选人存量，主要利用的渠道包括公司资源库和其他招聘渠道。

3. 小组组成及职责分工

RPO执行小组一般由项目执行经理、项目顾问和项目专员组成。项目执行经理负责项目管理、协调沟通和反馈总结；项目顾问负责具体的工作安排、简历筛选、候选人后期跟进及新的招聘渠道挖掘；项目专员负责招聘信息发布、简历收集与筛选、与候选人初次面谈及支持项目的实施。

4. 招聘渠道

（1）本公司人才库。

（2）招聘网站、业内论坛。

（3）借用猎头的手段进行招聘。

（4）各种新型的招聘方式，如微信招聘等。

5. 招聘进程

双方达成一致意见后，人力资源服务机构将依照下表的进程为客户实施招聘服务。

⊙ **招聘进程**

工作环节	工作内容	时间
确定需求	了解客户的招聘需求，宣传客户的优势及特点	___日至___日，约___个工作日
简历收集与分析	收取简历并进行初步分析	___日至___日，约___个工作日
沟通与考核	面试，深入了解	___日至___日，约___个工作日
推荐	推荐合格候选人	___日至___日，约___个工作日
后续服务	面试结果，跟踪反馈	___日至___日，约___个工作日

6. 执行关键

（1）资源储备。通过各种方式进行相关人才及简历的储备。

（2）合理分工。对项目执行的过程进行合理分工，让擅长的人做擅长的事。

（3）声誉建立。在招聘过程中，建立自己和客户的声誉，吸引求职者。

（4）项目管理。对项目的各个环节进行管理，提高客户和求职者的满意度。

7．完成总结

（1）完成服务后，以邮件形式向本公司有关人员发送项目结案内部沟通函，沟通结项事宜。邮件内容应包括客户名称、客户编号、合同协定服务内容、服务期、完成的情况等。

（2）经客户、本公司有关人员确认可结项后，撰写并提交总结报告。

1.6.3　招聘会组织实施办法

制度名称	招聘会组织实施办法	编　号	
		版　本	

第1章　总则

第1条　目的
为加强公司招聘会工作管理，保障参会企业和应聘人员的合法权益，确保招聘会有序进行，特制定本办法。

第2条　适用范围
本办法适用于公司招聘会工作的组织、实施和管理。

第3条　相关说明
招聘会的主办单位为人力资源服务机构。

第4条　主办单位职责
1. 负责用人单位的联系和邀请。
2. 负责对参会单位的相关信息进行审核。
3. 负责引导参会单位代表进入会场指定位置。
4. 负责会场秩序维护和安全保卫工作。
5. 负责处理各类突发事件。

第2章　会前准备

第5条　审批
主办单位应在举办招聘会前三十日内填写《举办人才招聘会申请表》（见附表），并报上级主管部门审批，经批准后方可举办。

第6条　相关事项准备
在招聘会前，主办单位需准备的事项包括制作统一规格海报，宣传彩页，招聘人员登记表、求职申请表、复试通知单等表单，笔记本、笔、胶带、剪刀、曲别针等常用办公用品，面试官标签，文件夹等。

第7条　参会人员确定
1. 确定招聘会的类型（大型综合招聘会、行业人才招聘会和中高级人才招聘会）。
2. 选择合适的参会单位。
3. 发出参会邀请函，审核回复，确定最终参会单位。

第8条　会场布置

1. 对招聘现场合理规划布局。
2. 根据参会单位及人数有序安排。

第3章 实施过程管理

第9条 人员进场安排

主办单位派专人引导用人单位去往自己的展台，并组织求职者有序入场。

第10条 会场秩序管理

1. 工作人员应严禁携带易燃易爆等危险品的人员入场，并禁止宠物入场。
2. 根据《公共场所卫生管理条例实施细则》中公共场所禁止吸烟的规定，告诫参会人员在招聘会现场严禁吸烟；可设立专门的吸烟区。
3. 对于违反上述规定者，工作人员有权制止、要求整改，对不配合的用人单位或应聘人员可劝其退场。

第11条 会场安全管理

主办单位应针对可能发生的危险、紧急情况制定相应的预案，以确保会场安全。

第4章 其他事项

第12条 如果临时进行场地变更，应及时通知参会各方。

第13条 招聘会结束后，应对用人单位的招聘情况及求职人员及时跟进，为后期招聘会的开展提供参考依据。

第5章 附则

第14条 本办法由公司人力资源部负责制定并解释。

第15条 本办法自发布之日起执行。

附表：《举办人才招聘会申请表》

⊙ 举办人才招聘会申请表

主办单位情况说明	主办单位名称		许可证号	
	招聘会负责人		联系电话	
招聘会情况说明	招聘会全称		举办场所	
	举办时间		场所地址	
	展位类别	A 特殊　B 标准　C 普通	收费标准	
	保卫负责人		联系电话	
参会单位范围及计划总数			参会个人范围	
招聘会可行性研究		筹备情况	安全保障措施	
申请单位意见	本单位承诺：以上信息及所交资料均真实有效。 法定负责人签名： ＿＿＿年＿＿月＿＿日（盖章）			

续表

受理人员意见	经审查，应交资料已齐全，并已与原件核对无误。 签名： ____年____月____日
主管部门意见	负责人签名： ____年____月____日（盖章）

编制日期		审核日期		批准日期	
修改标记		修改处数		修改日期	

1.6.4　招聘会应急预案

方案名称	招聘会应急预案	编　号	
		版　本	

第1条　目的

为预防和减少发生突发情况后，因应对、处理不当而导致更加失控的情形出现，特制定本预案。

第2条　适用范围

本预案适用于公司组织的招聘会中所有突发情况的处理工作。

第3条　事件类型

招聘会突发情况是指招聘会现场出现火灾、漏电、打架斗殴等突发性事件。

第4条　处理原则

1. 坚持以人为本的原则，最大限度地降低突发事件对与会人员的生命和财产危害。

2. 坚持层层把关、职责明确的原则，由主办单位总负责，保证对突发事件的有效控制和快速处理。

3. 坚持预防为主的原则，将事前预防与事后应急处理有机结合，加强基础工作，提高防范水平。

4. 坚持快速反应的原则，在突发事件发生后迅速启动应急预案，及时有效地控制事态发展。

第5条　职责分工

为避免发生突发情况后，参会人员不知向哪个部门反映情况而导致现场出现更加失控的情形，招聘开始前，主办单位应将相关部门的职责分工情况下发放至参会单位（招聘会主办单位职责分工示例见下表）。

⊙ 招聘会主办单位职责分工表

服务小组	职责分工	负责人	电话
联络小组	负责招聘会的后勤保障工作，如场地安排、提供招聘会需要的物品、安排工作人员的餐饮等		
宣传小组	负责招聘会的宣传、报道及现场咨询工作等		
卫生小组	负责招聘现场的卫生清扫工作，并做到全天随时流动清扫，保持现场清洁		
安保小组	负责招聘现场的安全保卫及秩序维护工作，防止偷盗、故意滋事、打架斗殴等现象发生		
突发事件处理小组	负责处理招聘现场的突发事件，确保招聘会顺利进行		

第6条 应急处理办法

1. 人员拥挤踩踏事件

（1）招聘会开始时间未到而门前出现人员拥挤时，有可能发生踩踏事件，此时应提前打开进口，在安全保卫人员的统一指挥下，组织人员有序进场。

（2）因场内面积有限、人员拥挤，有可能出现踩踏事件，此时应一方面由安全保卫人员严控进口，视场内人员拥挤情况，可采取暂停进入措施，无关人员谢绝入内；另一方面打开所有通道，由安全保卫人员安排人员出场，尽快疏散人群。

（3）若某展位前应聘人员较多，有踩踏隐患时，工作人员应提高办事效率、简化审查程序，采取先留材料后再洽谈等紧急措施，尽快疏散人员。

（4）当出现意外伤害事故时，工作人员应立即将伤者送到招聘会现场的医务室进行紧急救治，伤势较重的迅速拨打"120"送当地医疗机构救治。

2. 打架斗殴事件

若某展位前出现闹事、打架斗殴等突发情况，安全保卫人员应及时出面调停、劝阻，驱散闲杂人等，控制事态发展。

3. 火灾事件

主办单位应告知以下火灾自救、互救的知识和方法给工作人员。

（1）报警知识

发生火灾时，工作人员应第一时间拨打"119"联系当地消防部门救援。现场有伤亡的应及时拨打"120"联系当地医疗机构救治伤者。

（2）扑救方法

火灾的扑救方法应视具体着火物等情况而定，一般性火灾的扑救方法有以下三种。

①电器起火时应先切断电源，只有确定断电后才可用水扑救。

②可燃物起火时可直接用水或灭火器扑救，也可用湿棉被等覆盖在起火物上。

③一般的木材等起火时可利用建筑物内消火栓或消防卷盘加以灭火。

（3）逃生方法

若是火势较大，工作人员应掌握以下正确的逃生方法：

①逃生时，可用湿毛巾捂住口鼻，披上浸湿的衣物、被褥等走向安全出口方向。

②逃生时，需采取爬行的方式脱离火场，原因是浓烟从上往下扩散，接近地面处烟雾更稀薄，呼吸较容易。

③如果衣服着火，千万不要奔跑，应赶紧脱下衣服或在地上打滚灭火。

④若是楼层较高，不要乘坐电梯，应使用楼梯逃生。

4. 入场人员携带危险物品事件

工作人员发现入场人员有携带易燃、易爆、有毒和放射性、腐蚀性等危险物品行为的，应立即告知安全保卫人员将其及时收缴，同时迅速报告公安机关。

5. 多人诉求事件

部分应聘人员或招聘单位工作人员对招聘会的组织或质量效果等有不满情绪，形成多人诉求的，主办单位应及时与其进行沟通，疏导其情绪，尽量满足其合理要求，防止招聘会秩序混乱、管理失控。若事态有不可控趋势，主办单位应及时向公安机关报告，防止事态进一步恶化。

第 7 条　附则

1. 本预案由公司人力资源部制定。
2. 本预案自公司总经理签署后生效。

编制日期		审核日期		批准日期	
修改标记		修改处数		修改日期	

1.6.5　招聘会安全保卫工作方案

方案名称	招聘会安全保卫工作方案	编　号	
		版　本	

第 1 条　目的

为规范招聘会实施中的安全保卫工作，确保在安全事故发生时最大限度地降低损失，保护所有参会人员的财产、人身安全，特制定本方案。

第 2 条　适用范围

本方案适用于招聘会实施中的安全保卫工作管理。

第 3 条　保卫人员安排

为配合招聘会组织实施工作的顺利开展，应成立安全保卫工作小组，并对小组成员的职责进行明确划分（招聘会安全保卫人员职责分工示例见下表）。

⊙ 招聘会安全保卫人员职责分工表

职责	人员	电话
负责安全保卫工作的全局统筹	组长	
负责会场前门附近的安全保卫	组员、组员	

续表

职责	人员	电话
负责会场后门附近的安全保卫	组员、组员	
负责场内的安全保卫	组员、组员	
负责其他配合协助工作	副组长和其他组员	

第4条 具体时间安排

从____年____月____日会场布置开始至____年____月____日撤场结束。

第5条 工作要求

1. 门口负责的安全保卫人员应严禁无关人员进入会场。
2. 安全保卫人员应按时到岗，未经许可不得随意离岗。
3. 热情帮助参会人员，做到文明执勤、热情服务。
4. 负责场内的安全保卫人员应随时在会场内进行巡逻，碰到突发事件应及时处理。
5. 保持信息畅通。要积极进行信息沟通，确保出现状况时能及时根据处理办法予以应对。

第6条 具体实施安排

1. 会场布置期间

应实行24小时无间断巡逻，告诫会场布置人员按要求布置会场，严格遵守消防安全等规定，严禁抽烟，严防火灾的发生。

2. 招聘会期间

（1）负责指挥参会人员的车辆停放及组织有关人员在入口签到登记。

（2）负责对参会人员及其行李进行安全检查，防止易燃、易爆等危险品进入会场，保障参会人员的出入安全。

（3）负责场内安全维护，主要针对会场内消防安全和不良现象进行监管。

3. 会后撤场期间

（1）保障会场内设备、设施安全，防止贵重物品丢失。

（2）合理安排人员撤场，并提醒参会人员拿好随身物品，以免丢失。

（3）撤场后进行区域检查，对相关电器予以复位，最后进行会场清扫。

编制日期		审核日期		批准日期	
修改标记		修改处数		修改日期	

1.7 人力资源招聘服务商业模式创新

1.7.1 招聘服务+共享经济

共享经济一般是指以获得一定报酬为主要目的,基于陌生人且存在物品使用权暂时转移的一种新的经济模式。其本质是整合线下的闲散物品、劳动力、教育医疗资源等。

对招聘服务而言,共享经济是指在一个共享的平台上运用技术手段解决问题,利用 AI(人工智能)技术做好信息的机器筛选和匹配,之后再由 HR 资深人士对机器优选的结果进行进一步优化,增加简历评语和推荐等信息。通过此种方式可以提升招聘服务的效率。

此种方式实质是通过共享 HR 的方式调动社会闲置智力资源来解决招聘求职双方的痛点,是共享经济在招聘领域的完美应用。

1.7.2 招聘服务+直播平台

直播平台是近年来兴起的利用互联网优势进行交流的一种新型的社交媒体。直播平台吸取和延续了互联网的优势,运用视讯方式进行网上现场直播,可以将产品展示、对话访谈、在线培训等内容现场发布到互联网上,利用互联网的直观、快速、表现形式好、内容丰富、交互性强、地域不受限制、受众可划分等特点,加强活动现场的推广效果。现场直播完成后,还可以随时为观众提供重播、点播,有效延长了直播的时间和空间,发挥了直播内容的最大价值。

这一方式以其广泛的受众而受到人力资源服务业青睐,利用这一方式发布招聘信息,可以通过短视频、讲解等详细介绍公司情况及招聘职位的信息,有助于求职者对公司及招聘职位有更清楚的了解,是目前较为流行的招聘方式。

第 2 章

高级人才寻访服务

2.1 高级人才寻访服务的业务类型

2.1.1 预付费模式

预付费模式是指在项目开始的前、中、后期分别收取 1/3 的费用。这一模式通常在独家委托时采用，一般是因为寻访的人才级别较高、候选人库中名额较少、客户公司希望低调进行招聘。采用预付费模式的猎头一般是行业中的佼佼者，行业声誉高且综合能力强，他们一般具有极强的专业性，在与候选人沟通的过程中，会让候选人感觉非常舒服，有利于提高客户公司在行业中的口碑。同时，这一模式也保证了猎头公司的收入，使之对候选人的评估更加公正和客观，力求推荐最符合客户公司要求的候选人。

2.1.2 按结果付费模式

按结果付费模式是指在项目成功完成后收取费用。目前大多数猎头公司均采用这一模式。如果对所招聘人员没有特殊要求或招聘方希望从更多的候选人中进行挑选，一般采用这一模式。

大多数情况下，招聘方会同时委托多家猎头公司进行招聘，最后对寻找到最合适候选人的公司进行付费。由于采用这一方式时，如果招聘不成功或战略调整取消职位，招聘方可以不用付费，有利于节约招聘方的成本。因此，这也是在无特殊要求的情况下客户公司较常采用的方式。

2.2 高级人才寻访服务部岗位设计与岗位说明

2.2.1 高级人才寻访服务部组织架构

下图是高级人才寻访服务部的组织架构示例，供参考。

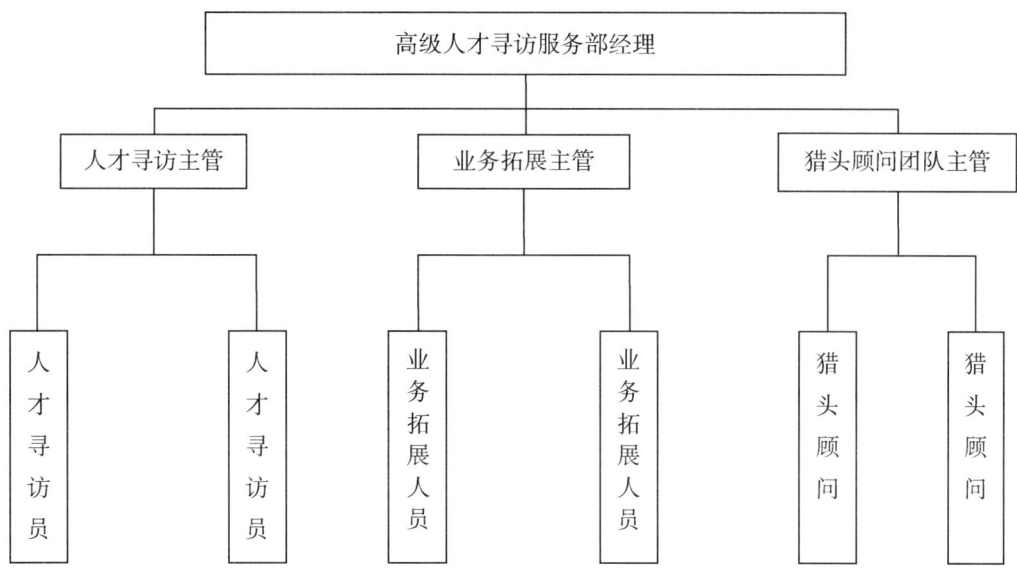

⊙ 高级人才寻访服务部组织架构示例

2.2.2 人才寻访员岗位说明书

岗位名称		人才寻访员	职位编号	
部门		人才寻访中心	直接主管	人才寻访主管
岗位概述		运用各种方式进行人才搜寻，配合负责人完成客户委托的招聘事宜		
岗位职责	职责一	协助顾问与客户沟通，了解客户需求		
	职责二	与顾问合作进行职位分析，参与制定目标候选人的寻访方案		
	职责三	通过各种渠道寻访合适的候选人		
	职责四	对相关候选人进行分类、整理，对简历进行初步筛选		
	职责五	快速寻访候选人后，通过电话进行初步面试和评估		
	职责六	协助顾问联络候选人，安排候选人面试		
	职责七	协助顾问进行市场拓展，了解客户需求，维护良好的客户关系		
	职责八	候选人入职前、中、后的跟踪服务，为候选人提供相应的职业发展建议		
	职责九	协助顾问完成业绩指标，有效执行顾问的工作安排		
任职条件	知识与技能	人力资源、工商管理等专业大专及以上学历		
		了解劳动人事法律法规政策及人力资源管理各项实务的操作流程		
		具备较强的人际沟通能力，思维缜密，关注细节		
	工作经验	1年以上猎头、销售或咨询服务行业工作经验		

2.2.3 业务拓展人员岗位说明书

岗位名称		业务拓展人员	职位编号	
部门		业务拓展中心	直接主管	业务拓展主管
岗位概述		负责猎头业务联系、客户关系维护等		
岗位职责	职责一	关注行业发展动向,收集行业内人才信息,了解行业信息及潜在人才需求		
	职责二	针对目标行业,进行客户拓展工作		
	职责三	负责与客户沟通,与行业客户保持良好关系,寻找合作机会并达成委托招聘协议		
	职责四	协助团队进行职位分析,协助顾问进行候选人甄选、推荐,并进行后期跟踪		
	职责五	与猎头顾问或其他顾问一起跟进项目,服务客户,完成客户委托的招聘事宜		
任职条件	知识与技能	市场营销、人力资源管理等专业大专及以上学历		
		掌握劳动人事法律法规政策		
		具备较强的销售渠道开拓能力、沟通能力和客户服务意识		
	工作经验	2年以上人力资源管理或猎头工作经验		

2.2.4 猎头顾问岗位说明书

岗位名称		猎头顾问	职位编号	
部门		猎头顾问中心	直接主管	猎头顾问团队主管
岗位概述		负责猎头项目目标客户的开发、候选人的搜寻和推荐、人才库的录入与更新、兼职猎头的开发等工作		
岗位职责	职责一	负责目标行业客户的信息分析,研究客户需求		
	职责二	根据客户需求,与意向客户沟通并明确服务内容		
	职责三	负责指导助理利用有效工具有计划、有目的地搜寻、筛选候选人		
	职责四	搜寻合适的目标候选人,依照客户对职位的要求与候选人进行沟通和评估,制作并提交候选人报告		
	职责五	负责进行兼职猎头的开发及《兼职猎头协议》的签订,并与兼职猎头及时沟通招聘需求		
	职责六	跟踪服务所有已成功结束的项目,使候选人能更好地融入客户公司		
	职责七	储备有价值的人才信息,按要求录入公司的人才库		
任职条件	知识与技能	市场营销、人力资源管理等专业本科及以上学历		
		熟悉劳动人事法律法规政策,熟悉人力资源管理各项实务的操作流程		
		具备鉴别人才的敏锐眼光、较强的项目运作能力、出色的沟通协调能力		

续表

任职条件	工作经验	1. 2年以上招聘工作经验或大客户开发管理经验 2. 1年以上猎头工作经验

2.3 高级人才寻访服务业务制度设计

2.3.1 高级人才寻访服务规范

制度名称	高级人才寻访服务规范	编 号	
		版 本	

第1章 总则

第1条 为规范本公司高级人才寻访工作，提高公司人才寻访的工作效率，特制定本规范。

第2条 本规范适用于公司高级人才寻访业务的管理。

第2章 高级人才寻访工作实施规划

第3条 猎头顾问与客户公司及时沟通，明确招聘岗位的信息，包括招聘岗位名称、招聘岗位类别、招聘人数、招聘岗位的工作职责及任职资格等。

第4条 猎头顾问组织寻访员开展项目的调查、分析工作，并明确任务分工。

第5条 猎头顾问根据分析结果，编制高级人才寻访方案，明确寻访渠道、实施进度等事宜。

第3章 目标人才寻访

第6条 猎头顾问根据制定的高级人才寻访方案，确定人才寻访渠道。

第7条 寻访员通过合适的人才寻访渠道，搜集人才信息。

第8条 猎头顾问根据客户企业的招聘要求，对搜集到的人才信息进行分析，初步筛选人才，确定目标人才。

第4章 目标人才访谈

第9条 寻访员根据实际情况选择合适的沟通渠道同目标人才进行沟通，并做好沟通记录。

第10条 猎头顾问对沟通记录进行分析，并确定面谈人选。

第11条 寻访员同目标人才进行面谈，进一步确定目标人才与招聘岗位的匹配度，确定面试候选人。

第12条 寻访员做好面试前的准备工作。

第13条 猎头顾问与目标人才进行面谈，并确定目标人选。

第5章 附则

第14条 本规范经公司总经理批准后实施。

编制日期		审核日期		批准日期	
修改标记		修改处数		修改日期	

2.3.2　猎头业务管理办法

制度名称	猎头业务管理办法	编　号	
		版　本	

第1章　总则

第1条　目的
为了规范本公司的业务管理，明确猎头工作人员的职责范围和工作标准，确保猎头服务的优质性和项目成功率，特制定本办法。

第2条　适用范围
本办法适用于公司内部所有猎头相关业务的管理工作。

第3条　业务类型
1. 为客户搜寻满足其发展所需要的各种高级管理人才和高级技术人才。
2. 为各种类型的高级管理人才和技术人才找到适合他们的理想职业。

第2章　业务服务流程

第4条　接收需求
对外业务人员接收客户信息，登记客户需求。

第5条　接触
指派猎头顾问与客户进行初步接触，若是求职者则了解其求职岗位、工作经验等信息；若是招聘方则初步了解其招聘需求，以判断是否需要采用猎头招聘的方式。在基本了解需求后，向客户初步介绍本公司提供服务的基本情况、收费标准、服务流程和优势等。

第6条　签订服务协议
与客户就服务费用、服务期限等具体条件和问题进行协商，达成一致后签订服务协议。

第7条　业务实施
在签订服务协议后，根据相关业务流程开展工作。

第8条　客户跟进
在业务完成的一段时间后对客户进行跟踪访问，了解客户的满意度，及时消除双方误解，并请客户对猎头顾问工作进行评价。

第9条　档案管理
工作结束后，编制相关的服务报告，经公司领导审核后，将报告与客户的相关信息进行保存。

第3章　业务考核管理

第10条　考核频率
以月为单位对猎头工作人员的业务进行考核。

第11条　考核内容
主要包括当月任务完成情况、业务回款情况等。

第12条　考核方式
采用逐级考核的方式，由上级考核下级，并根据考核结果督促工作改进。

第13条　考核结果应用
考核结果与猎头工作人员的晋升、加薪、奖金等相关。

第4章 附则

第14条 本办法由公司业务部负责制定、修订及解释。

第15条 本办法自下发之日起实施。

编制日期		审核日期		批准日期	
修改标记		修改处数		修改日期	

2.3.3 猎头顾问管理制度

制度名称	猎头顾问管理制度	编 号	
		版 本	

第1章 总则

第1条 目的

为规范本公司猎头顾问的业务工作,提高猎头顾问的服务质量,特制定本制度。

第2条 适用范围

本制度适用于本公司猎头顾问的工作管理。

第2章 猎头顾问的工作职责与招聘标准

第3条 工作职责

1. 负责各类猎头需求的收集、客户拜访、客户需求研究、可行性分析。
2. 进行相关候选人资料的收集、分类、整理,对简历进行初步筛选。
3. 负责对候选人进行人才测评、面试、背景调查。
4. 指导助理利用有效工具有计划地搜寻、筛选候选人。
5. 负责合同款项的及时催收。
6. 负责候选人的后期跟进。

第4条 招聘标准

1. 人力资源管理、行政管理或相近专业本科以上学历。
2. 3年以上招聘专员、猎头顾问经验。
3. 具备敏锐的洞察力、较强的服务意识、基本的英语沟通能力。

第3章 猎头顾问的工作流程与行为要求

第5条 工作流程

1. 接受客户需求,并进行分析与评估,提出寻访建议。
2. 与客户进一步交流,了解详细需求信息并签订《人才寻访委托服务协议》。
3. 结合客户所属区域、招聘岗位要求,根据掌握的信息,制定人才寻访方案。
4. 通过人才库、网络查找、人脉推荐等多种方式进行候选人搜寻及筛选。
5. 初步筛选后对相关候选人进行初步面试,并做出评估。
6. 向客户推荐候选人,并组织双方进行面谈,协助双方就具体聘用条件进行有效沟通。
7. 提供免费后续支持,协助双方解决试用期间可能出现的问题,确保候选人持续、稳定地服务客户公司。

第 6 条 行为要求

1. 在开展业务的过程中，应遵守行业规范和行为准则。
2. 不论在职或离职后，均应保守本公司的商业秘密，包括经营业务信息、客户信息、人才信息及其他本公司要求保密的商业信息；如因泄密引起的一切负面后果或损失，由泄密人员承担一切责任。

第 4 章 猎头顾问的考勤管理

第 7 条 上下班实行打卡制度，由本人亲自打卡，不得代打卡，打卡的异常情况参照公司考勤休假制度中的相关规定处理。打卡时间为早 9：00 之前和晚 18：00 之后，如有变动，以行政部门的通知为准。

第 8 条 上下班不打卡的，以缺勤半天扣发工资；代人打卡每次双方各扣罚____元。

第 9 条 若因停电或网络问题导致无法及时打卡，可不予处罚，但应及时做好相关登记。

第 10 条 工作期间需请假外出的，需经相关领导审批同意。

第 5 章 猎头顾问的考核管理

第 11 条 考核内容

完成本人每月应完成任务的____%以上，月合同额____元，到期合同款项回收率 100%，客户满意度 90%以上。

第 12 条 考核结果应用

考核结果主要应用于下表所列的四个方面。

◉ 考核结果应用表

运用范围	具体说明
教育培训	把考核结果作为参考资料，借此掌握猎头顾问教育培训的重点
调动调配	根据考核结果，分析猎头顾问的长短处，把握其适应能力、发展潜力等
晋升	将历年考核结果作为参考依据
提薪与奖励	根据考核结果，决定提薪与奖励的幅度

第 6 章 猎头顾问的薪酬管理

第 13 条 薪酬一般采用底薪加提成的计算方式。

第 14 条 根据服务合同的金额总数计算提成。

第 15 条 财务部于每月____日发放上月业绩提成，随底薪一同发放。

第 7 章 附则

第 16 条 本制度自颁布之日起实施。

编制日期		审核日期		批准日期	
修改标记		修改处数		修改日期	

2.3.4 猎头服务提成制度

制度名称	猎头服务提成制度	编　号	
		版　本	

第1章　总则

第1条　目的

为了适应现代企业发展的要求，营造公平、合理的竞争环境，提高猎头工作的积极性，鼓励大家多劳多得，结合公司实际，特制定本制度。

第2条　适用范围

本制度适用于本公司所有猎头工作人员的提成管理。

第3条　职责分工

1. 总经理负责审批猎头工作人员提成发放。
2. 业务经理负责统计猎头工作人员的工作业绩，处理工作争议。
3. 财务部负责根据核算结果按时发放提成。

第2章　提成方法及细则

第4条　底薪提成制

1. 猎头工作人员均采用"底薪+提成"的薪酬结构。
2. 猎头顾问底薪为＿＿元/月，猎头顾问助理底薪为＿＿元/月。

第5条　提成方式

1. 根据完成任务额度设置固定提成比例，计算猎头工作人员的提成。
2. 计算公式：猎头业务提成=月度服务合同金额×提成比例。

第6条　提成比例

依据工作业绩设置的提成比例标准见下表。

⊙ **提成比例标准表**

服务对象	月度服务合同金额（元）	提成比例
企业	＿＿＿＿以下（含）	＿＿＿＿%
	＿＿＿＿~＿＿＿＿（含）	＿＿＿＿%
	＿＿＿＿以上	＿＿＿＿%
	因特殊原因需加班完成的服务	＿＿＿＿%
个人	＿＿＿＿以下（含）	＿＿＿＿%
	＿＿＿＿~＿＿＿＿（含）	＿＿＿＿%
	＿＿＿＿以上	＿＿＿＿%
	因特殊原因需加班完成的服务	＿＿＿＿%

第7条　提成计提时间

在服务完成并将费用回收入账后计提。

第3章 提成审批发放

第8条 提成申请审批流程

1. 每月____日前,业务经理统计各猎头工作人员的业绩并编制业绩提成表,报送财务部审核。
2. 财务部审核业绩提成表,并根据猎头工作人员服务金额核算相应提成分配,上报总经理审批,审批通过后方可发放提成。

第9条 提成发放规定

财务部于每月____日向猎头工作人员发放上月服务提成,随底薪一同发放。

第10条 离职猎头工作人员工资及发放办法

1. 猎头工作人员离职当月无后续回款,则只按照当月实际上班天数计算相应级别的工资,并计算当期的提成。
2. 猎头工作人员离职当月有后续回款,则待后续款项回收入账后发放工资和提成。

第4章 附则

第11条 本制度由业务部及行政部负责制定、解释和修订。

第12条 本制度自发布之日起实施。

编制日期		审核日期		批准日期	
修改标记		修改处数		修改日期	

2.4 高级人才寻访服务业务流程设计

2.4.1 高级人才寻访服务流程

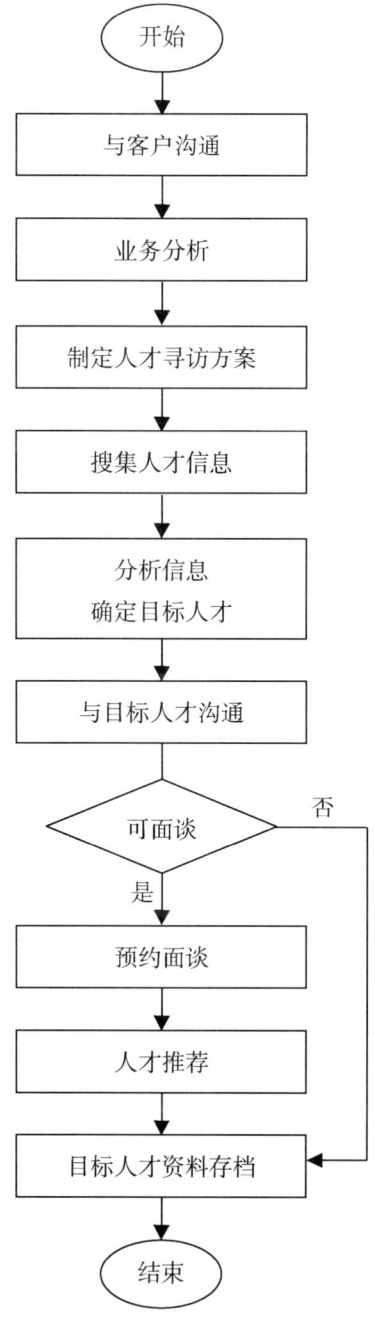

2.4.2 候选人面试流程

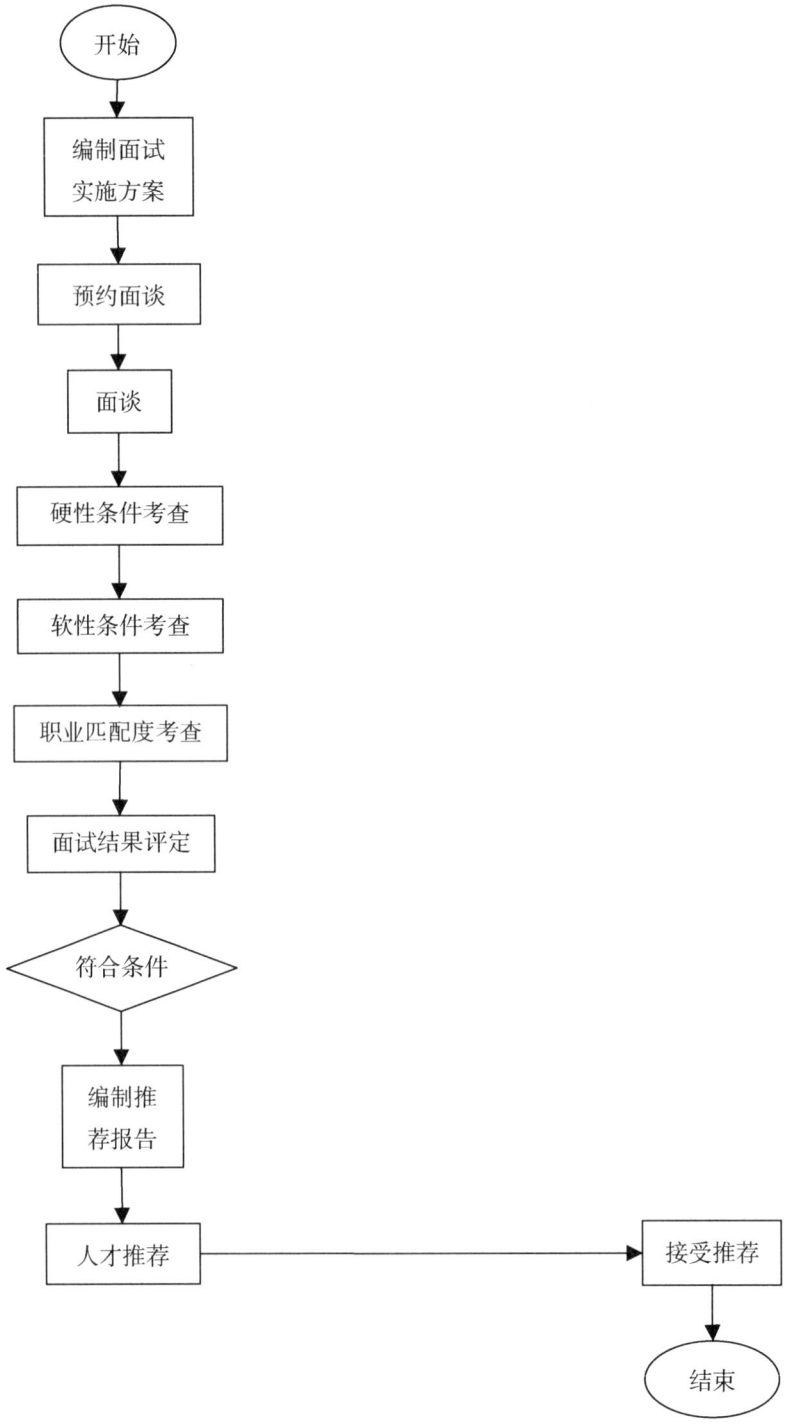

2.4.3 候选人背景调查流程

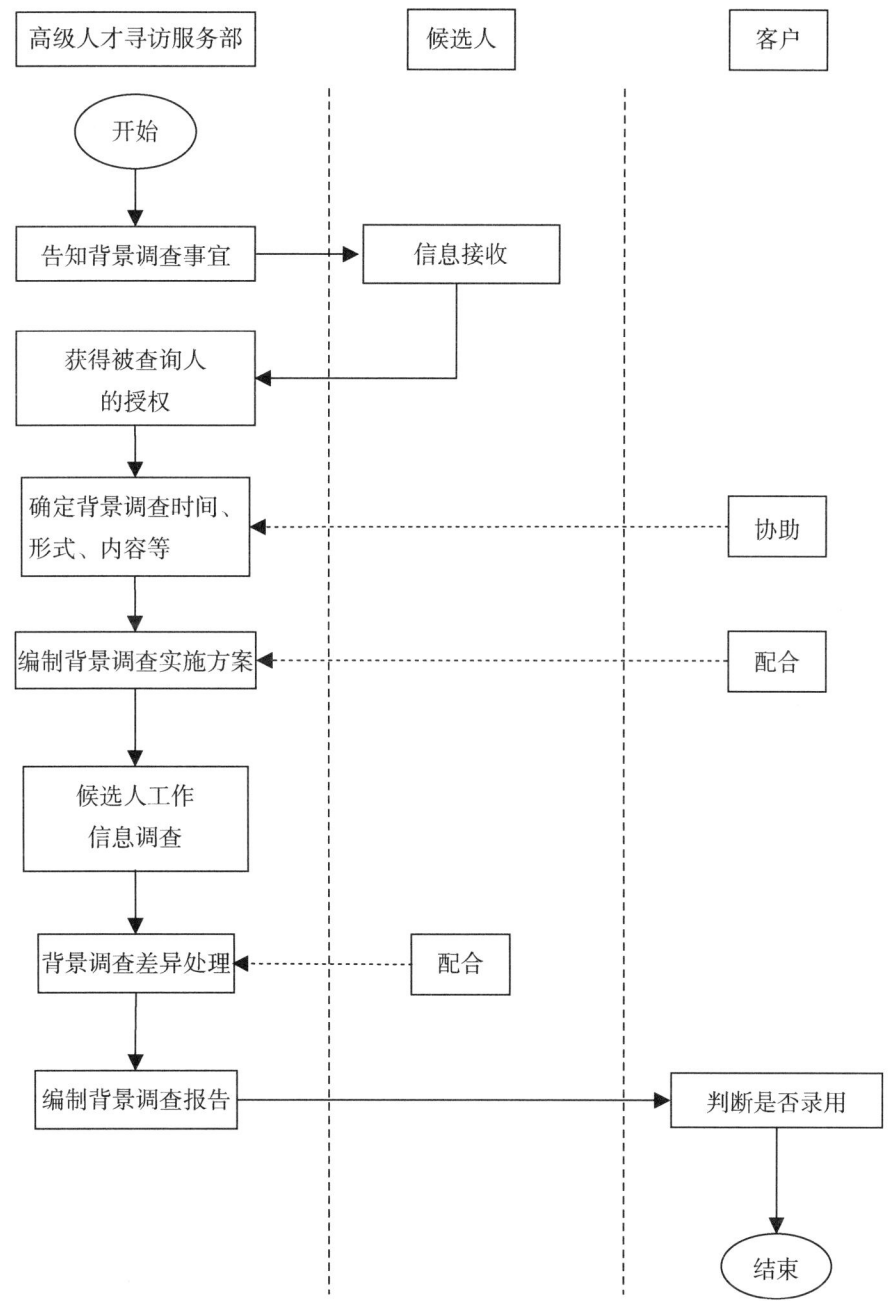

2.5 高级人才寻访服务标准与合同

2.5.1 高级人才寻访服务标准规定

1. 机构资质

取得"人力资源服务许可证"的机构方可从事高级人才寻访服务的业务。

2. 服务人员条件

根据《高级人才寻访服务规范》的规定，高级人才寻访从业人员应具备以下条件：

（1）取得人力资源服务从业人员资格证书。

（2）具备高级人才寻访相关专业知识。

2.5.2 高级人才寻访服务注意事项

1. 保密规定

人才寻访人员应维护客户和候选人双方权益，遵守保密约定。

2. 人员搜寻规定

《高级人才寻访服务规范》规定："高级人才寻访不应涉及国家法律法规规定不得流动的人员。"

2.5.3 高级人才寻访服务合同

文书名称	高级人才寻访服务合同	编　号	
		版　本	
甲方（委托方）：＿＿＿＿＿＿＿＿＿＿ 乙方（承办方）：＿＿＿＿＿＿＿＿＿＿ 甲方因业务发展需要，委托乙方搜寻所需人才。经双方友好协商，达成以下合作条款。 第 1 条　目的 本协议目的在于确定乙方代表甲方搜寻候选人时双方的权利及义务。 第 2 条　权利义务说明 1. 甲方需提供与所需搜寻职位有关的详细资料给乙方，其中主要包括：			

（1）营业执照复印件及企业概况说明（如公司简介、经营发展状况、用工制度、企业构架等）。

（2）明确列出所需招聘人才的工作职责、职位要求、薪酬福利等信息。

2. 乙方有义务向甲方提供下列服务

（1）在协议签订后的____个工作日内，向甲方提供第一批符合要求的候选人简历，每个职位提供简历不少于三份。如果第一批候选人经过甲方面试后认为不符合要求，双方应及时保持沟通，并根据实际情况，共同修改和调整职位要求（如职位要求过于求全等）和扩大搜寻范围，以便于乙方尽快推荐下一批候选人。以后每批人选的推荐时间为____个工作日。

（2）在协议签订之日起_____个工作日内完成对甲方所需人才的寻访、测评及背景调查，将完整、真实的候选人资料提交甲方，并安排候选人面试。

（3）根据甲方的要求，可参加并协调最终候选人与甲方之间的录用条件的谈判。

第 3 条 保证期

（1）乙方推荐的候选人被甲方录用，并最终到甲方工作，视为乙方服务成功完成。

（2）乙方推荐人选在保证期（三个月）内无论因任何原因离职，甲方应在五个工作日内向乙方提出书面报告，乙方将免费为甲方推荐另一合适候选人到职；乙方收到甲方书面报告后两个月内没有推荐合适人选到职，乙方应退还该项服务费的____%。

（3）甲方一经决定录用乙方推荐的候选人，应向乙方提供录用确认书复印件；录用确认书应包括候选人的录用工资、上班报到日期、工作职责等。否则，乙方可不履行保证期的约定。

第 4 条 服务费用

（1）协议签订后，甲方须支付定金，定金为人民币_____元，该笔定金可抵扣服务费；如因甲方原因而取消该职位的招聘，定金不予退还。

（2）甲方录用乙方推荐的候选人后，须向乙方支付人民币_____元作为招聘服务费。

（3）服务费应在候选人入职____个工作日内全数付清。

（4）本协议规定的期限内没有被甲方录用的候选人，但在此后一年内又被甲方录用，甲方应于录用前一周内告知乙方，并按本协议规定的服务费支付给乙方，否则，乙方有权追究甲方的法律责任。

第 5 条 付款方式

1. 银行汇款

户名：_____

开户银行：_____

账号：_____

2. 现金付款须到乙方财务部办理。

第 6 条 保密条款

1. 双方必须对所签订协议严格保密，甲方不得以任何形式向第三方公开乙方提供的候选人资料，而乙方不得将甲方的文件或信息泄露出去，否则，另一方有权追究违约方的责任。

2. 保密期限不限于委托期，一般应在寻访活动中止后的一年内。但对于乙方成功推荐的候选人信息，保密期将延长到此候选人在甲方的所有工作期间。

3. 乙方提供的候选人资料，甲方需妥善保管；甲方不得利用候选人窃取其知识成果及原单位的商业秘密。如有上述情况，一经核实，甲方应无条件给予乙方和候选人相应的经济补偿。

第 7 条 协议期限

本合同有效期为一年，自双方签订之日起生效。

第8条 附则

本合同一式两份，甲乙双方各执一份。

甲方：   乙方：
代表：   （盖章）   代表：   （盖章）
    年 月 日   年 月 日

编制日期		审核日期		批准日期	
修改标记		修改处数		修改日期	

2.6 高级人才寻访服务常用报告

2.6.1 候选人综合评估报告

文书名称	候选人综合评估报告	编 号	
		版 本	

为了让用人单位对候选人有一个更加全面和细致的了解，提高用人单位对候选人认识的准确性，节约用人单位的面试时间，特编制本报告供用人单位参考。

一、基本资料

姓名	张××	性别	男	出生年月日	___年___月___日
民族	汉	婚姻状况	已婚	学历	本科
家庭住址				联系电话	
专业	人力资源管理	推荐职位	人力资源经理	期望薪资	_____~_____万元

二、知识与技能

1. 教育经历

时间	学校	所学的知识/专业
___年—___年	××大学	人力资源管理专业
……	……	……
……	……	……

2. 培训经历

时间	单位	所获成果
___年___月—___月	××大学	获得四级企业人力资源管理师证书
___年___月—___月	××培训机构	获得三级企业人力资源管理师证书
……	……	……

3. 其他情况（略）

三、工作经历及业绩描述

时间	单位	职务	工作业绩
___年___月—___年___月	××公司	招聘专员	1. 了解企业发展现状和用工需求，积极进行人才招聘 2. 积极拓展招聘渠道，储备候选人 3. 协助主管完成需求岗位职务说明书的编写
___年___月—___年___月	××公司	培训主管	1. 注重学习，利用空余时间学习培训相关的法律法规知识，提高自身素质和能力 2. 采用讲授、研讨、拓展等方式和渠道组织培训，提高员工的整体素质 3. 共组织培训100余次，培训合格率达90%以上
___年___月—___年___月	××公司	人力资源经理	1. 拓展了微信招聘、微博招聘、直播招聘等招聘方式，及时满足了企业的用人需求 2. 制订并组织实施培训计划，培训合格率达95%以上 3. 制定激励性的薪酬福利制度及实施方案，员工薪酬满意度评价达95%以上

四、个性特征与管理风格倾向

该候选人主要符合以下行为与个性特征。

特征	说明
主动性	能够承担远超过要求的工作任务，并努力拓展工作内涵，获取新技能、新经验
成就导向	能够在工作过程中不断总结创新，追求卓越，并能够将其应用于以后的工作中
决策能力	1. 根据工作经验，能够准确确定要解决问题的性质和决策目标 2. 能借助信息和分析工具给出非常规问题的有效解决方案

续表

特征	说明
识人用人能力	1. 对下属的工作及能力状况了解充分，能够做到人尽其用，发挥他们的优势 2. 能够给下属提供不断成长的空间，并能够激励他们向更高的职业目标迈进
……	……

五、优劣势分析

核心竞争优势	劣势（待提升）
1. 从基础做起，拥有丰富的实操经验 2. 熟悉企业招聘、培训的相关流程 3. 经历过较多企业类型，有大型国企，也有小型私企	有时会过于自信，较难听得进别人的建议

六、核心胜任力构成

从面试中判断候选人所具备的6~8个核心胜任力，以此来判断该候选人与职位的匹配度。该面试人具备成就导向、人力资源知识、决策能力、团队建设能力、识人用人能力、协调能力、主动性等核心胜任力。

七、推荐建议（略）

编制日期		审核日期		批准日期	
修改标记		修改处数		修改日期	

2.6.2 候选人推荐报告

文书名称	候选人推荐报告	编号	
		版本	

为了让您对候选人有更加全面和细致的了解，同时节约您宝贵的面试时间，提高您对候选人综合判断的准确性，我们特向您提交本报告。

本报告共分为以下七大部分。

第一部分：候选人基本信息

第二部分：候选人的知识与技能结构

第三部分：候选人的工作经历与主要业绩描述

第四部分：候选人的个性特征与管理风格倾向

第五部分：候选人的优劣势分析
第六部分：候选人的核心胜任力构成
第七部分：推荐建议

第一部分：候选人的基本信息

姓名：　　　　　　　　　　　　　　　　　　　性别：
出生日期：　　　　　　　　　　　　　　　　　民族：
期望年薪：　　　　　　　　　　　　　　　　　推荐职位：

第二部分：候选人的知识与技能结构

1. 教育经历

_____年___月___日，毕业于_____院校，_____专业，获得_____学位。

_____年___月___日，毕业于_____院校，_____专业，获得_____学位。

2. 培训经历

_____年___月___日，参加_____培训。

_____年___月___日，参加_____培训。

3. 职称、技能与特长

（1）职称（略）

（2）掌握的技能（略）

（3）特长（略）

第三部分：候选人的工作经历与主要业绩描述

_____年___月，_____地区_____企业_____职务。

1. 汇报对象（略）
2. 下属人数（略）
3. 主要工作业绩（略）

第四部分：候选人的个性特征与管理风格倾向

该候选人主要符合以下四项个性与行为特征，具体内容见下表。

⊙ **候选人的个性与行为特征**

影响性	在工作和生活中习惯采用各种方法和策略去影响他人
情感性	对事物的判断比较容易受自己情感和价值观影响
独立性	自立自强，当机立断，倾向于独立解决问题和做出自己的选择和决定
自律性	通过对事情的事先计划和准备来对事情进行控制，有十分清晰的个人标准

第五部分：候选人的优劣势分析

1. 优势（略）
2. 劣势（略）

第六部分：候选人的核心胜任力构成

候选人具备的核心胜任力包括人际理解力、影响力、沟通协调能力、团队领导能力、责任感、计划组织能力等。

第七部分：推荐建议

×先生具有多年的××类企业信息化建设和管理经验，并具有较长时间的基层工作经验，同时具备软件开发的能力，他不仅可以胜任信息化建设工作，同时也能对基本的网络系统维护与管理以及企业内部软件开发起到一定的作用。×先生的加入，不仅可以对企业现有的系统进行维护与管理，同时更可以在现有的基础设计上提出相应的信息化解决方案。因此，我们推荐×先生担任贵公司的_____一职。

编制日期		审核日期		批准日期	
修改标记		修改处数		修改日期	

2.6.3　候选人背景信息调查报告

文书名称	候选人背景信息调查报告	编　号	
		版　本	

报告内容声明：应_____的委托，以降低公司招聘风险为目标，以应聘候选人提供的信息为参考，通过专业的调查流程，为_____提供以下员工的背景调查报告。

以下是对于_____拟招聘员工_____背景信息调查的结果。

以下信息均通过合规的途径获得，其内容均为被调查者的教育背景、工作背景相关单位提供，由××猎头顾问记录整理而成，不代表××猎头公司及其任何员工的意见。

一、候选人基本信息

候选人姓名		性别		出生日期	
民族		应聘职位		期望薪资	
户口所在地		婚姻状况		住址	
学历		……		……	
家庭成员（父母、配偶、子女）情况					

二、信息来源

候选人的背景调查信息一般来源于直接上级、同级同事、客户和供应商、人力资源经理等。

三、被咨询人基本信息（至少两个单位但不包括现任职公司）

被咨询人姓名	所在公司	职务	与候选人关系	联系电话

四、背景调查问卷与信息记录

1. ××在贵公司的工作时间是从什么时间到什么时间？

回答（略）。

2. ××在贵公司担任何种职务？主要工作职责是什么？

回答（略）。

3. ××的工作表现如何？

回答（略）。

4. 同事及领导对××的评价如何？

回答（略）。

5. ××当初加入贵公司时薪资是多少？离开时呢？

回答（略）。

6. ××在工作中有无突出的表现或事迹？

回答（略）。

7. ××的优点有哪些？有什么特别出众的能力吗？

回答（略）。

8. ××离职的原因是什么？

回答（略）。

9. 贵公司是否愿意再继续雇用××？

回答（略）。

10. 如果从整体表现上给××打分，10分为满分，贵公司会给他（她）打几分？

回答（略）。

编制日期		审核日期		批准日期	
修改标记		修改处数		修改日期	

2.7 高级人才寻访服务商业模式创新

2.7.1 高级人才寻访服务+技术工具

随着互联网技术的迅猛发展，网络猎头横空出世。网络猎头是指利用网络技术开辟"平台+工具+顾问"的服务模式，让用人企业与高级人才直接"面对面"，是一种传播速度更快、佣金更低、周期更短、推荐更精准的新型招聘方式。

近年来，随着人工智能技术的飞速发展，一大批在线招聘创新企业随之诞生，网络招聘工具也有了新的发展，出现了垂直类招聘、移动社交招聘、大数据招聘、机器智能招聘等招聘模式，有助于提升高级人才寻访的效率。

2.7.2　高级人才寻访服务+App

App 是指可以在移动设备上使用，满足人们咨询、购物、社交、娱乐、搜索等需求的第三方应用程序。

随着移动互联网时代的到来，移动互联网应用获得了迅猛的发展，也催生了大量的猎头寻访 App，为猎头公司进行高级人才寻访提供了大大的便利。

第3章

人才测评服务

3.1 人才测评服务的业务类型

3.1.1 性格测评

性格测评主要用于了解个体对现实的态度和相应的行为方式中比较稳定的、具有核心意义的个性心理特征。

招聘工作中会看重职位匹配度这一指标，而这一指标又可细分为两方面的内容：一是知识、能力、技能与岗位要求的匹配度，二是性格、兴趣与岗位的匹配度。

性格测评有助于提升招聘工作的有效性，以下提供一些用于个体性格测评的工具，供参考。

1. MBTI 性格测试

MBTI（Myers-Briggs Type Indicator）性格测试是一种职业人格评估工具，用来衡量和描述人们在获取信息、作出决策、对待生活等方面的心理活动规律和性格类型。

MBTI 将性格细分为四个维度，每个维度上包含相互对立的两种偏好，分别是：外向（E）和内向（I），感觉（S）和直觉（N），思考（T）和情感（F），判断（J）和知觉（P）。四个维度，两两组合，共有 16 种类型。四个维度在每个人身上会有不同的比重。四个维度上特定偏好的组合就构成一种特定的性格，如 ISTJ 代表"内向—感觉—思考—判断"型性格。

2. DISC 性格测评

DISC（Dominance Influence Steadiness Compliance）性格测评由 24 组描述个性特质的形容词构成，每组包含四个形容词，这些形容词是根据支配性（D）、影响性（I）、稳定性（S）、服从性（C）四个测量维度以及一些干扰维度来选择的，要求被测评者从中选择一个最适合自己和最不适合自己的形容词。由此，根据被测评者各量表的得分分析被测评者的性格特征。

3. 卡特尔 16 种人格因素问卷

卡特尔 16 种人格因素问卷是通过让被测评者回答一系列问题，测量出 16 种因素的特征，根据这些特征测量人的人格特征和职业倾向。

根据被测评者 16 种因素的结果，分析被测评者在性格内外特性、心理健康状态、学习与适应新环境的成长能力、专业有成就的性格因素、创造能力的性格因素五个方面的表现。

4. DPA 动态性格管理系统

DPA（Dynamics Personality Assessment）动态性格管理系统能够让人们更好地认识和了解自己，可以帮助企业降低员工流失率，是目前应用最广泛的测评工具之一。

DPA 系统分为三大模块：DPA-WORKS 工作动力系统，DPA-FAMILY 家庭幸福系统和 DPA-PERSON 个人发展系统。其中，DPA-PERSON 个人发展系统包含 FunderStar 创业者特质与行业分析、ManagerStar 经理人测评模块、GraduateStar 大学生职业能力系统、StuedntStar 学生状态测评系统、SchoolStar 高中生专业选择模块五大模块。

3.1.2 行为反应测评

行为反应是指人们在考虑问题和解决问题时表现出的不同的行为特点。例如，有的人处世稳健、有的人办事果断，有的人细致、有的人豪爽等，这些都属于行为风格。行为反应测评可以为企业招聘、选拔和评价人才提供科学依据。

可用于测试个体的行为反应测评工具包括 PDP（Professional Dyna-Metric Programs）性格测试、基本人际关系行为倾向测试等。这类测评工具与性格类测评工具在功能上有一定相似性，但又不尽相同。它们主要是关注人的行为模式，通过对被测评者面对事情的沟通态度、反应模式、决心强弱等方面的观察来做出评估。

3.1.3 职业兴趣测评

职业兴趣是指人们对某种工作或职业的积极态度，不同的人对同一职业可能会有积极的态度，也可能会有消极的态度或者无所谓的态度。对于个人来讲，在择业时如果选择与兴趣相符的职业，就可以充分调动自己的潜能，有利于提高工作的主动性。

职业兴趣测试（Vocational Interest Tests）是对个人最感兴趣的、能从中得到成就感和满足感的工作进行的测试，它是用于了解个人兴趣方向和兴趣序列的一种心理测试方法。

用于职业兴趣测评的方法有很多，下面简要介绍主要的四种。

1. 兴趣表达法

兴趣表达法直接要求被测评者回答自己的职业兴趣是什么，但由于有些人的自我认知不清晰，有些人根本不清楚自己的兴趣是什么，因此这种直接表达兴趣的方法有时不是很准确。

2. 行为观察法

行为观察法是通过观察被测评者参与活动的种类、数量、倾向和在各种情境中的行为来了解其职业兴趣。这种方法与事实记录法类似，一般情况下费时较长，不适宜用于大规模的人才测评。

3. 能力测验

能力测验是通过测试被测评者掌握某种职业的词汇及相关知识的多少来推断其对某职业的兴趣高低。这种方法对于职业词汇及相关知识的设计要求较高，可以有效地测试被测评者的兴趣倾向。此方法适用于选拔性测评。

4. 兴趣问卷

兴趣问卷是通过回答问题的形式来测量被测评者的职业兴趣倾向。这种方法节约成本和时间，适用于对群体施测，且其信度和效度比较容易保证，在选拔性测评和配置性测评中应用广泛。其中比较著名的兴趣问卷有霍兰德职业兴趣测验量表、斯特朗—肯贝尔兴趣问卷等。

3.1.4 智商测评

智商是衡量个人智力高低的标准。以下介绍两种智力测验量表。

1. 比奈—西蒙智力量表

法国心理学家比奈和西蒙以测验年龄差异和一般心理能力为基础制定了比奈—西蒙智力量表。1905 年，比奈—西蒙智力量表有 30 个由易到难排列的题目，其中既有对较低级的感知觉方面的测量，也有对较高级的判断、推理、理解等方面的测量。1908年，比奈等人发布修订后的比奈—西蒙智力量表，使题目总数达到 59 个，并把测验题目按年龄分组，从 3 岁到 15 岁，每个年龄的儿童中有一半能通过的题目即属于这个年龄组的题目。1911 年发布了修订版的量表，这次修订没有重大变化，只是改变了几种年龄水平分组，并扩展到成人组。

2. 韦克斯勒—贝勒维智力量表

到 20 世纪 30 年代后期，心理测验中仍没有完善的标准化成人智力测验。直到1939 年美国心理学家韦克斯勒编制了韦克斯勒—贝勒维智力量表（W—B）以后，这种情况才有所改观。这个智力量表由 10 个分测验组成，其中，言语量表包括常识、理解、背数、算术、类同 5 个分测验，操作量表包括图片排列、图画、积木图案、物体拼配和数字符号 5 个分测验。另外，它还有一个词汇分测验来作为其他分测验的备用测验。

3.1.5　情商测评

情商又称情绪智力，是相对智商而言的心理学概念。情商测评是指对人的情绪智力进行检测。以下提供三套情商测评的工具，供参考。

1. 情绪智力测试 EQT

情绪智力测试 EQT（Emotion Quotient Test）是测试情绪智力方面的量表。该量表的理论基础是美国心理学博士丹尼·戈尔曼提出的情绪智力理论，它共分五大部分：情绪自我觉察能力、情绪自我控制能力、情绪自我激励能力、识别他人情绪能力、人际关系处理能力。

2. EQ-i 2.0

EQ-i 是一个基于 20 年以上的研究、具备科学有效性且在世界各地广泛应用的情绪智力测评工具。EQ-i 2.0 是 EQ-i 的升级修订版，是相对比较全面的自评性情绪智力测评工具。

3. EQ 360 2.0

EQ 360 2.0 是多个测评人参与的 EQ-i 2.0，从观察者的角度评估被测评人的情绪智力和社会能力。被测评人指定测评人完成评估，且自己完成自评。测评人和被测评人都完成评估后，被测评人将会得到一份详尽的评估报告。EQ 360 2.0 有助于被测评人从他人的角度了解自己的表现。

3.1.6　能力测评

能力是一种个性心理特征，是顺利完成某项活动所必需的主观条件，能力强弱会影响一个人的学习效率和工作效率。

能力测评即能力测验，又称认知测验，是指对个人或团体某种能力做出评价或预测。其中涉及的能力可以是现有的实际能力或将来的潜在能力，可以是一般能力如观察力、学习力、记忆力等，也可以是某种特殊的能力如体育、音乐、绘画等方面的特殊能力。常见的能力测验有能力倾向测验、创造力测验等。

1. 能力倾向测验

能力倾向是个体在不同能力因素上潜在的优势或劣势倾向，能力倾向测验是用于测量从事某项活动或某种职业的潜在能力的一种素质测评方法。它主要用于预测，其测量结果是一组不同能力倾向的分数。

能力倾向测验按照内容可以分为一般能力倾向测验、特殊职业能力测验和心理运动机能测验等。

（1）一般能力倾向测验主要是测量个体的思维能力、想象能力、记忆能力、推理能力、分析能力、空间关系能力和语言能力等，如普通能力倾向成套测验、区分性能力倾向测验等。

（2）特殊职业能力测验主要是对较为特殊和专门的能力进行测验，如对音乐能力、艺术能力、绘画能力以及飞行能力等的测验等。

（3）心理运动能力测验主要测量个体支配心理运动和身体运动的能力。它专门测量速度、协调性和运动反应等特性，如明尼苏达空间关系测验、明尼苏达秘书测验等。

2. 创造力测验

创造力测验主要测量个体的各种创新思维能力，它着重于对未知的、新颖独特的答案或解决问题的方式进行测量。下面介绍三种测验个体创造力的方法。

（1）情境测验法。情境测验法是给被测试者设置特定的情境，并控制或改变一些条件，然后要求被测试者根据情境做出反应，最后依据被测试者的反应结果来测量其创造力的一种测评方法。

（2）评定法。评定法是由测试人员按照一定的标准对被测试者的创造力做出评价的一种方法。

（3）量表测验法。量表测验法是通过回答问题的形式对被测试者的创造力进行测量的一种方法。这种方法一般会采用标准化的题目，按照规定的程序对被测试者进行测量，然后将测量结果与建立的常模进行比较，最后根据比较结果对被测试者的创造力水平做出评价。

3.1.7 知识测评

知识测评是采用合适的测评方法如笔试等，对被测评者的知识广度、知识深度、知识结构进行了解的一种方式。知识测评的内容又可以细分为下表所示内容。

⊙ **知识测评的内容**

内容	说明
基础知识测评	测评内容广泛，可以包括天文地理、文学艺术、数理化等方面，主要了解被测评者对基本知识的了解程度以及掌握的水平
专业知识测评	主要测评与应聘岗位有直接关系的专业知识
相关知识测评	主要测评应聘者对应聘岗位有关知识的了解程度

对个体进行知识测评的方式有很多，如笔试、面试等。以下是一套用于测评招聘专员的专业知识的笔试题，供参考。

---

1. 选择题（其中1~8题为单选题，9、10题为多选题）
（1）下面的（　　）不属于内部招聘的方法。
A. 员工推荐　　B. 人才招聘会　　C. 发布职位公告　　D. 人力资源技能清单
（2）招聘的基本程序是（　　）。
①招聘准备　②招聘评估　③招聘信息发布　④人员选拔　⑤录用决策
A. ①②③④⑤　　B. ③①④⑤②　　C. ①③④⑤②　　D. ③①⑤④②
（3）人员招聘的直接目的是（　　）。
A. 为企业做宣传　　　　　　B. 招聘最优秀的人才
C. 为企业做人才储备　　　　D. 招聘企业所需要的人才
（4）工作分析方法不包括（　　）。
A. 工作日志法　　B. 问卷调查法　　C. 观察法　　D. 职业倾向法
（5）招聘会较适合于招聘（　　）。
A. 高层管理者　　B. 专业人才　　C. 热门人才　　D. 无工作经验者
（6）在应聘人数众多时，为达到筛选人员的目的，一般采用（　　）方法。
A. 笔试　　B. 面试　　C. 评价中心　　D. 心理测验
（7）影响招聘效果的外部原因之一是（　　）。
A. 企业的知名度　　　　　　B. 企业文化
C. 外部劳动力市场供求状况　　D. 企业的发展阶段
（8）《劳动合同法》规定：劳动合同期限一年以上不满三年的，试用期不得超过（　　）个月。
A. 1　　B. 2　　C. 3　　D. 6
（9）根据人员来源渠道不同，招聘分为（　　）。
A. 内部招聘　　B. 员工推荐　　C. 外部招聘　　D. 猎头公司
（10）招聘的基本原则有（　　）。
A. 能级对应　　B. 因岗择人　　C. 公平公正　　D. 协调互补
2. 名词解释
（1）结构化面试。
（2）人力资源成本。

（3）工作分析。
（4）招聘的信度和效度。
（5）评价中心。
3. 简答题
（1）招聘的主要渠道及各自的优缺点。
（2）招聘中常见的几个误区以及如何规避。
（3）人才测评在人力资源管理中的应用。

3.2 人才测评服务部岗位设计与岗位说明

3.2.1 人才测评服务部组织架构

下图是人才测评服务部组织架构示例，供参考。

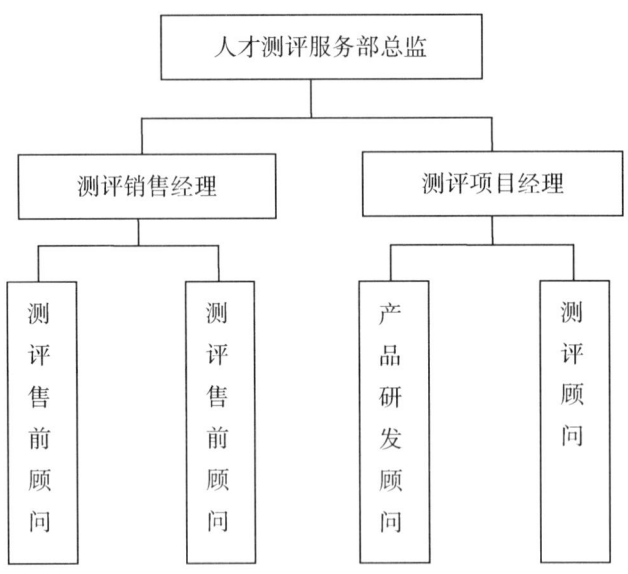

⊙ 人才测评服务部组织架构示例

3.2.2　测评销售经理岗位说明书

岗位名称	测评销售经理	职位编号	
部　　门	人才测评服务部	直接主管	人才测评服务部总监
岗位概述	负责公司人才测评业务的营销运作，实现销售业绩		
岗位职责	职责一	针对客户销售人才测评解决方案	
	职责二	通过电话、面谈等方式，实时把握客户需求，为客户提供人才测评及人才管理的解决方案	
	职责三	负责业务洽谈，完成销售任务	
	职责四	与企业人力资源管理部门保持良好沟通，积累行业人脉，有效执行和推进公司的测评业务	
	职责五	负责提升团队业务人员的素质和能力，提升销售业绩和团队凝聚力	
任职条件	知识与技能	人力资源管理、心理学、市场营销等专业本科以上学历	
		具备心理学、管理学、人力资源管理等相关专业知识	
		具备较强的市场分析和开拓能力、优秀的沟通能力、较强的客户服务意识	
	工作经验	3年以上人力资源管理专业服务/咨询领域企业大客户销售经验	

3.2.3　测评售前顾问岗位说明书

岗位名称	测评售前顾问	职位编号	
部　　门	人才测评服务部	直接主管	测评销售经理
岗位概述	为测评解决方案的制定与实施提供售前支持		
岗位职责	职责一	热情迅速地接待客户，根据客户的需求介绍公司产品或服务	
	职责二	了解客户的人才管理业务现状，挖掘客户需求	
	职责三	陪同销售人员拜访客户，提供专业支持	
	职责四	协同其他员工完成测评服务	
任职条件	知识与技能	心理学、管理学、人力资源管理等专业大专及以上学历，持有人力资源服务从业人员证书	
		具备良好的沟通表达能力、较强的应变能力	
	工作经验	1年以上管理咨询相关领域销售经验	

3.2.4　测评项目经理岗位说明书

岗位名称		测评项目经理	职位编号	
部　　门		人才测评服务部	直接主管	人才测评服务部总监
岗位概述		负责管理和控制项目全过程，确保业务计划准时、优质地完成		
岗位职责	职责一	充分与客户沟通交流，了解测评项目的具体要求和情况		
	职责二	根据客户需求，制定测评方案并付诸实施		
	职责三	合理安排人力、物力和财力等资源，确保测评业务得以有序开展		
	职责四	及时掌握整体测评方案实施进度，发现问题及时解决		
	职责五	与客户保持联系，即时反馈成果		
任职条件	知识与技能	心理学、管理学、人力资源管理等相关专业本科及以上学历，持有人力资源服务从业人员证书		
		熟练掌握人才测评技术和工具，具备项目管理的相关技能		
		具备优秀的理解、分析、沟通能力以及资源整合能力		
	工作经验	3年以上人力资源管理或咨询项目实施工作经验		

3.2.5　产品研发顾问岗位说明书

岗位名称		产品研发顾问	职位编号	
部　　门		人才测评服务部	直接主管	测评项目经理
岗位概述		负责人才测评产品的研发		
岗位职责	职责一	根据公司业务拓展方向，研究、开发与人才测评有关的理论与技术成果		
	职责二	负责行业需求调研，有针对性地设计测评服务产品		
	职责三	根据客户需求提供高质量、有针对性的人才测评与管理解决方案		
	职责四	根据调研情况撰写人才测评相关研究报告		
任职条件	知识与技能	心理学、人力资源管理等相关专业硕士及以上学历		
		具备较强的学习及思考能力		
		精通人才测评领域专业知识和技术		
	工作经验	3年以上测评产品开发经验		

3.2.6 测评顾问岗位说明书

岗位名称		测评顾问	职位编号	
部　　门		人才测评服务部	直接主管	测评项目经理
岗位概述		参与人才测评项目的实施工作		
岗位职责	职责一	协助测评项目经理做好人才测评前期准备及现场实施工作		
	职责二	按照公司要求的流程及方法，独立或协助完成对被测评者的测评工作		
	职责三	参与人才测评项目研讨		
	职责四	独立或协助完成人才测评报告的撰写		
任职条件	知识与技能	心理学、管理学、人力资源管理等专业大专及以上学历		
		具备敏锐的观察力、判断力和倾听能力，具备较强的团队合作意识		
	工作经验	1年以上同岗位工作经验		

3.3 人才测评服务业务制度设计

3.3.1 人才测评项目管理制度

制度名称	人才测评项目管理制度	编　号	
		版　本	

第1条　目的
为提高委托机构人岗匹配的契合度，降低委托机构的用人风险，特制定本制度。
第2条　范围
本制度适用于公司对委托机构及其员工的选拔、工作分析、绩效考核等领域。
第3条　测评项目内容
1. 测评人员：＿＿名中层管理人员综合素质测评。
2. 测评维度：管理技能测验、管理风格测验、职业锚测验等。
3. 测评方式：在线素质测评、行为事件访谈、评价中心等。
第4条　测评程序
在接受客户委托并达成合作协议后，本公司将依照以下程序开展人才测评业务：
1. 根据项目确定目标职位，提出候选人，然后进行初步筛选。
2. 根据岗位需求分析，制定人才测评实施方案。
3. 依照人才测评实施方案的要求，做好测评场地布置、工具准备等事宜。

4. 对候选人进行测评和测验。

5. 形成测评分析报告，对测评项目和过程提出建议并跟踪反馈测评效果。

第 5 条　管理人员测评实施

1. 在线测试

时间为____分钟，考核要点为综合素养及专业素质。

2. 行为事件访谈

时间为____分钟，考核要点为管理潜力。

3. 评价中心技术

时间为____分钟，考核要点为管理技能及素养。

第 6 条　出具测评报告

将被测评者的测评结果汇总成人才测评报告，包括每个维度的分析、任用/培养建议等。

第 7 条　附则

1. 本制度未尽事宜参照公司相关规定执行。

2. 本制度经公司总经理审批后生效。

编制日期		审核日期		批准日期	
修改标记		修改处数		修改日期	

3.3.2　人才测评顾问管理办法

制度名称	人才测评顾问管理办法	编　号	
		版　本	

第 1 条　目的

为了更好地发挥人才测评顾问的作用，建立科学规范的顾问管理体系，特制定本制度。

第 2 条　适用范围

本制度适用于公司对人才测评顾问的管理。

第 3 条　人才测评顾问岗位职责

1. 承担人才测评项目的管理工作，对项目进行统筹管理、技术把关。

2. 负责测评项目方案制定，参与测评项目实施全过程。

3. 主持完成测评项目各阶段汇报工作。

4. 参与客户开发与项目拓展工作，以及公司重要客户的关系维护工作。

5. 参与公司的技术研发、知识管理等工作。

6. 指导培训项目成员。

第 4 条　人才测评顾问任职条件

1. 心理学、管理学、人力资源管理等专业大专及以上学历。

2. 具有人力资源管理、人才测评咨询项目工作经验。

3. 熟悉人才测评、素质模型及任职资格构建等专业技术知识。

4. 具备较强的书面和口头表达能力、人际交往能力、沟通协调能力。

第 5 条　人才测评顾问服务方式

1. 参与客户重要决策性会议，提供第三方的客观建议。
2. 每个季度协助客户进行招聘以及测评各类高管人才。
3. 提供人才测评报告，督导任务的执行。
4. 对客户的招聘、培训管理体系建设提供改进的指导与建议。

第6条　附则

本制度经公司总经理审批后实施。

编制日期		审核日期		批准日期	
修改标记		修改处数		修改日期	

3.3.3　人才测评服务管理规范

制度名称	人才测评服务管理规范	编　号	
		版　本	

第1条　目的

为了更好地规范本公司的人才测评服务工作，特制定本规范。

第2条　适用范围

本规范适用于公司对人才测评服务的管理。

第3条　从业人员的基本要求

人才测评是一项专业性和技术性很强的工作，对从业人员的要求较高，需要满足以下要求。

（1）学历

具有大学专科及以上学历。

（2）证书

持有人力资源服务从业人员证书。

（3）专业素质

需要具备心理学、测量与统计学、人力资源管理等专业知识。

（4）专业技能素质

能够正确使用测评工具，具备驾驭测评过程、开发测评工具的能力等。

（5）职业道德

主要包括科学、严谨的工作态度，维护测评工具的有效性，遵守标准化的操作流程，尊重被测评者的人格，在业务开展中团结协作、互相学习等。

第4条　服务实施流程

（1）接受客户委托

出具本公司人才测评服务的资质证明，并确认客户的相关资质或身份，接受客户委托。

（2）确定测评目标

主要从宏观、微观两个层面确定客户需求与期望达到的目标。

（3）设计测评方案

内容应包括人才测评要素、方法、工具、时间和场地等。

(4) 提交测评方案

征求客户意见并确认后，向客户提交人才测评方案。

(5) 签订测评项目合同书

公司与客户应签订人才测评项目合同书，明确双方权利义务、保密责任、违约及争议处理办法等。

(6) 进行测评

依据双方确定的人才测评方案，对客户委托的事宜进行测评。

(7) 提交测评分析报告

以书面报告形式向客户提交人才测评结果，内容应包括人才测评分数、对被测评者的评价、管理使用建议等；报告须签字盖章。

第 5 条　重点数据的说明

(1) 结构化面试、无领导小组讨论、角色扮演、管理游戏的测评人员不能低于____人，以减少评分误差，保证评分的公正、准确。

(2) 结构化面试中，测评人员与被测评者距离以____米左右为宜。

(3) 无领导小组讨论每组人数应当为____~____人，以便给测评者充分的表现机会，有利于评分的公正、准确。

(4) 文件筐测验测评人员不应少于____人，以减少评分误差，保证评分的公正、准确。

(5) 角色扮演、管理游戏和演讲，测评要素以____~____个为佳，以保证评分的客观、准确。

第 6 条　附则

本规范自公布之日起实施。

编制日期		审核日期		批准日期	
修改标记		修改处数		修改日期	

3.4 人才测评服务业务流程设计

3.4.1 人才测评工作流程

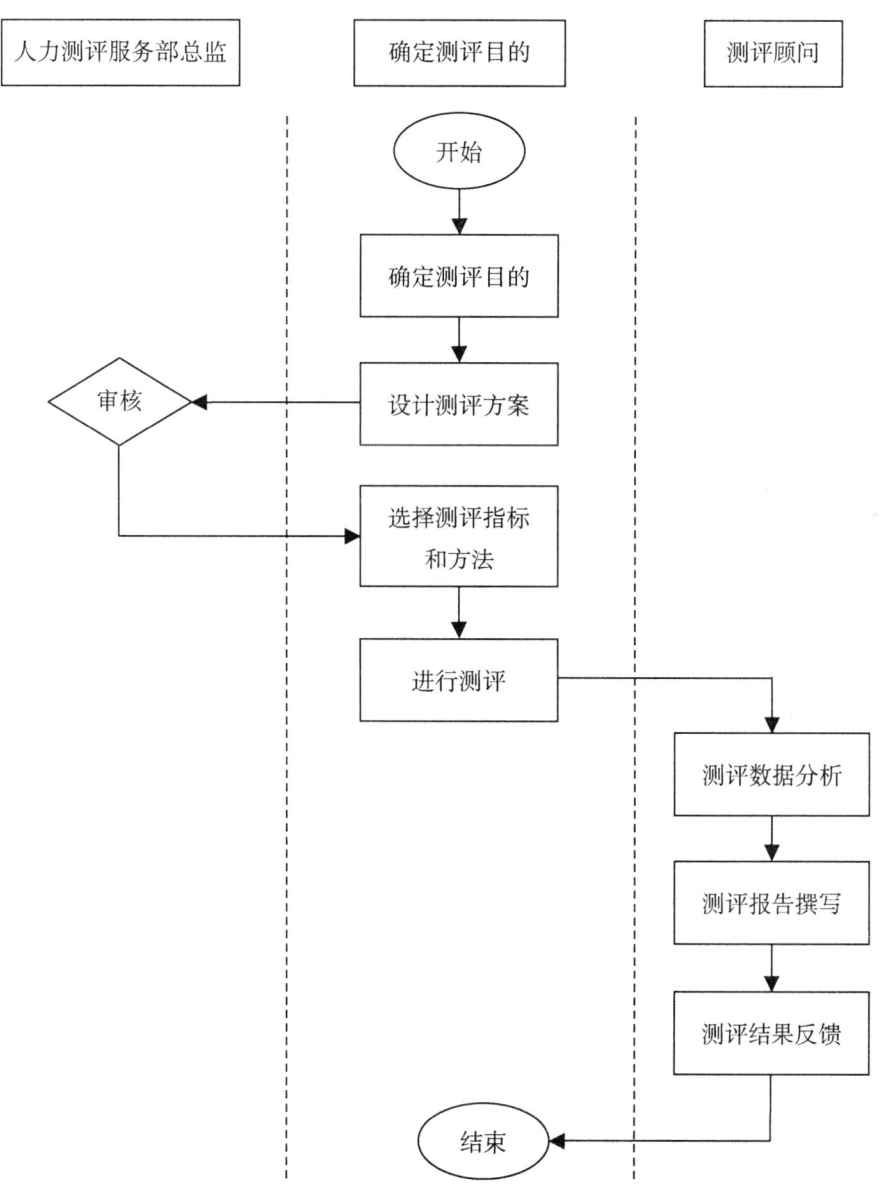

3.4.2　人才测评服务管理流程

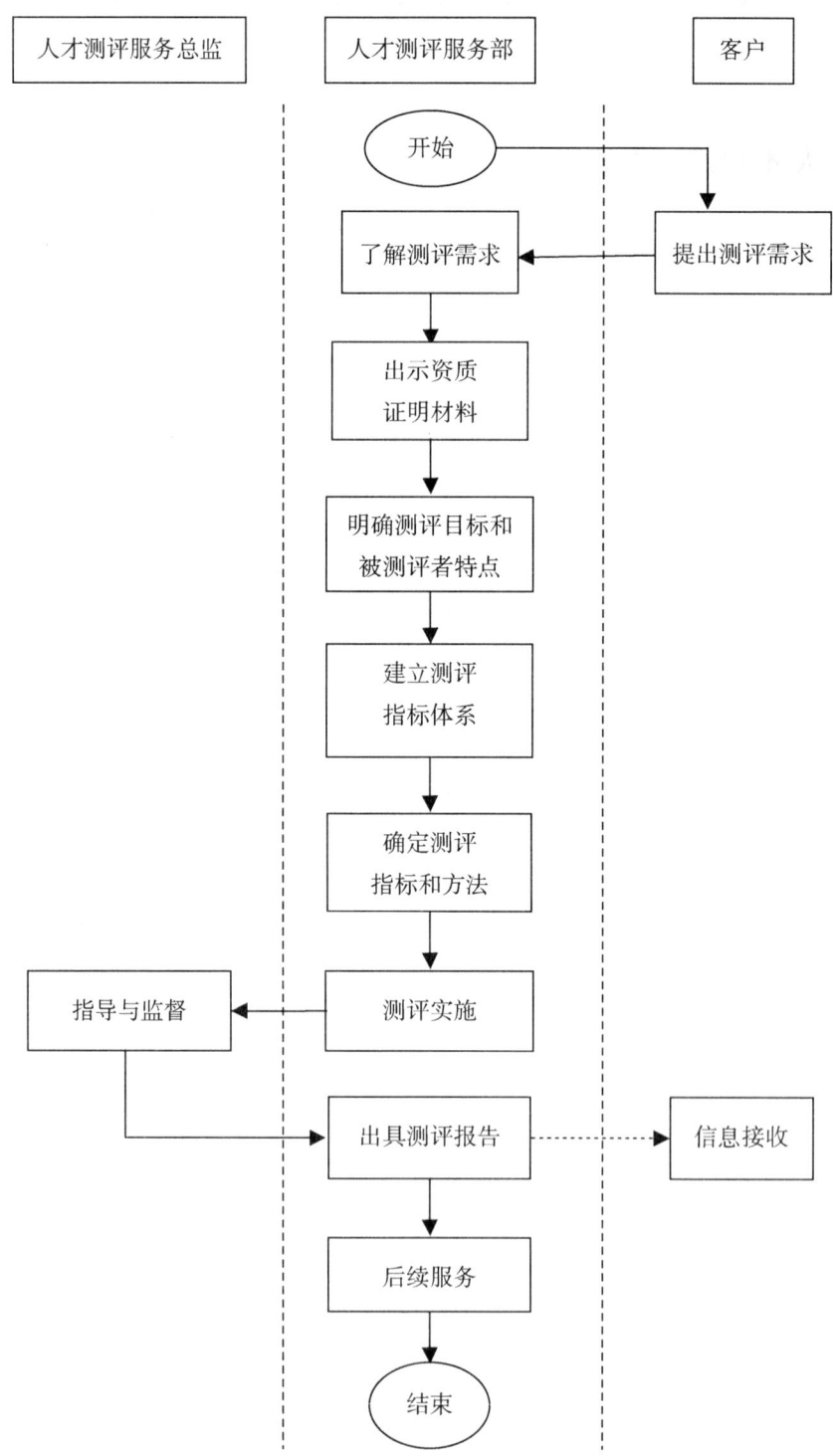

3.4.3 人才测评指标体系建立流程

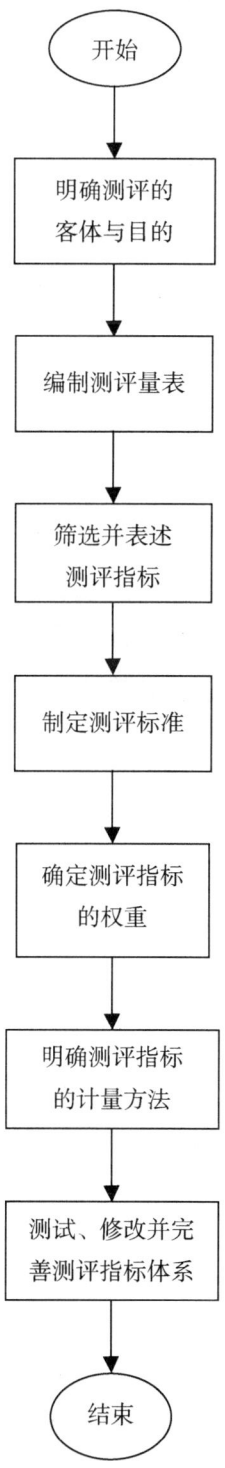

3.5 人才测评服务标准与合同

3.5.1 人才测评服务标准规定

《人才测评服务业务规范》对人力资源服务机构开展人才测评服务的基本要求、服务流程、服务要求及服务评价与改进等进行了规范,以下列举部分要点,供参考。

1. 服务机构的条件

(1) 有与开展业务相适应的场所、设施和专职工作人员。

(2) 有适应业务发展需要的规章制度。

(3) 有独立的人才测评场地,环境安静、整洁、宽敞、明亮、通风良好、温度适宜。

(4) 应配备电话、计算机、复印机、打印机等。

(5) 人才测评场地宜配备音频、视频等设备。

2. 从业人员的基本条件

(1) 具有大学专科及以上学历。

(2) 持有人力资源服务从业人员证书。

(3) 具备心理学、管理学、人力资源管理等相关专业知识。

(4) 熟练使用人才测评技术和工具。

3. 服务流程

接受委托,设计人才测评方案,提交人才测评方案,签订人才测评项目合同书,制定人才测评实施方案,选择并培训评价人员,施测准备,实施人才测评,提交人才测评结果,人才测评项目资料归档。

3.5.2 人才测评服务注意事项

人才测评是通过采用科学的标准和方法,对人的基本素质、个人能力、个性特点和发展潜力等进行测量评定的过程。从事人才测评服务的机构为有序推进业务,至少需注意以下五个方面的问题。

1. 公司资质

从事人才测评服务的机构，其注册资质应符合《人力资源市场暂行条例》及其他有关规定的要求。

2. 从业人员资格管理

从业人员的素质在很大程度上影响人才测评服务的开展，因此，规范人才测评服务必须要对从业人员进行资格审查，如部分岗位要求持证上岗等。

3. 技术专利保护

由于缺乏相应的法规制约，盗版测评软件日益猖獗。因此，人才测评服务机构需加强对自身技术专利的保护，另外对别人的知识技术成果的使用也需符合规定。

4. 测评工具的管理

一方面，任何一种测评工具，无须批准即可投入使用，无法确定测量效果；另一方面，测评工具的优劣难以判断。因此，必须加强测评工具的审核和管理。

5. 测评结果的管理

一方面，为了保证测评结果的公正，对测评结果弄虚作假者，要严加查处；另一方面，对测评结果应保密，保护被测评者信息。

3.5.3 人才测评服务合同

文书名称	人才测评服务合同	编　号	
		版　本	

委托方（甲方）：_____
服务方（乙方）：_____
　　甲乙双方本着相互信任、真诚合作的原则，经过双方友好协商，决定由乙方为甲方提供全面的人才测评服务并签订合同，双方须遵守以下约定。
　　一、乙方的义务
　　乙方运用先进的人才测评技术、手段及工具，为甲方提供人才测评服务。
　　二、甲方的义务
　　1. 甲方应为乙方提供合适的测评场所、测评设备及工具。
　　2. 甲方应合理安排人员测评时间，配合乙方人员的测评工作。
　　三、合同有效期及服务费用
　　1. 本合同自____年____月____日至____年____月____日止。
　　2. 乙方为甲方提供的测评服务结束后，甲方应支付乙方服务费____元。

四、付款方式

1. 合同签订后,甲方应支付乙方____元作为定金。
2. 甲方在验收确认乙方的服务完成后,向乙方支付剩余服务费,乙方开具发票。

五、争议的处理

甲乙双方如对合同条款的理解有异议,或者对合同有关的事项发生争议时,双方应本着友好合作的精神进行协商解决。协商不能解决的,任何一方可向所在地劳动争议仲裁委员会提起仲裁。

六、其他

1. 本合同未尽事宜,由甲乙双方协商后形成书面文件,作为本合同的补充条款,具备与本合同同等法律效力。
2. 对本合同内容的任何修改和变更需要用书面形式,并经双方确认后生效。

甲方(签章)　　　　　　　　　　　　　　　乙方(签章)
代表签字:　　　　　　　　　　　　　　　　代表签字:
日期:　　　　　　　　　　　　　　　　　　日期:

3.6 人才测评服务常用文书

3.6.1 人才测评项目建议书

文书名称	高层管理人才甄选项目建议书	编　号	
		版　本	

一、项目的背景

随着业务的发展,××企业对高层管理人才的要求越来越高,企业必须甄选高层管理人才,建立系统的高素质人才库。

二、目标群体

符合企业基本要求的高层管理人员。

三、项目实施阶段

本项目通过三个阶段的测评工作完成甄选,具体内容见下表。

⊙ **项目实施阶段**

阶段	测评内容	工具和方法
第一阶段	领导力测评	领导力测评工具、情景模拟能力评估
第二阶段	管理能力测评	心理测试(16PF)、评价中心技术等
第三阶段	个人能力测评	笔试、结构化面试、评价中心技术、韦克斯勒—贝勒维智力量表

四、项目流程及步骤

1. 准备阶段
（1）人才测评试题。
（2）施测工具。
（3）布置人才测评场地。
2. 实施阶段
（1）确定测评时间与地点。
（2）实施测评。
（3）收集测评数据。
（4）取样抽查，核查测评是否符合要求。
3. 统计阶段
（1）进行数据处理。
（2）依据数据划分等级和类型。
（3）鉴定测评结果的有效性和可靠性。
4. 应用阶段
（1）形成测评报告。
（2）将测评报告反馈给有关部门和个人。
（3）根据测评结果形成有关人才甄选的建议。
（4）测评总结。

下面以第一阶段领导力测评为例介绍具体测评流程。

填写测试题
1. 形式：网上进行测试
2. 题量：____（系统题库自动选择）
3. 测试时间：____分钟

报告生成
1. 测试阶段完成
2. 由测评系统自动生成相应的领导力测评报告

报告解读
1. 报告解读形式：测评顾问与被测评者一对一辅导
2. 沟通时间：____小时/人（根据报告数量而定）

五、项目报告及结果反馈

1. 个体人才测评结果

将每一位被测评者的测评结果以统一的格式形成详细的测评报告，包括每一个量表的每一个维度的详细分析，得出个人的综合人才测评结果分析报告。

2. 团体人才测评结果

将所有被测评者的测评结果录入 SPSS 数据分析软件进行统计分析，最终得出企业整体人才测评结果。

六、任用建议及培养建议

（略）

七、项目收费标准

以下为相关服务的收费标准，其中所需时间为预计时间，具体时间依据最终确定的测评方案决定。

⊙ 测评项目收费标准

项目名称	所需时间	收费情况
领导力测评和报告	_____小时/人	_____元/人
管理能力测评和报告	_____小时/人	_____元/人
个人能力测评和报告	_____小时/人	_____元/人

3.6.2 人才测评报告

文书名称	××公司销售主管人才素质测评报告	编号	
		版本	

一、被测评者介绍
姓名：_____ 年龄：_____ 性别：_____
部门：_____ 职位：_____ 测试时间：_____

二、报告阅读说明

（略）

三、测评结果概要

1. 测验结果（略）
2. 综合评价：优秀

推荐语：与通用销售主管职位匹配度较高，表明其比较适合该管理岗位

综合核心测验结果发现，被测评者在组织协调能力上，具备分工协作意识，能够有效地协调组织之间的关系，对相关部门人员角色的理解程度高，能够准确地定位自身角色；在计划分析能力上，善于把握事情的轻重缓急；在销售与产品的知识水平和运用能力上，有深刻认识。但是，在判断决策、人际沟通、团队管理方面，稍显不足

续表

核心特点总结	
显著优势： 1. 在组织协调能力上，具备分工协作意识，能够有效地协调组织之间的关系 2. 在计划分析能力上，善于把握事情的轻重缓急 3. 在销售与产品的知识水平和运用能力上，有深刻认识	待发展项： 1. 判断决策：能够正确判断信息，但在决策可行性和周密性方面有所欠缺 2. 人际沟通：沟通意识和技巧稍显不足 3. 团队管理：能够基本明确团队任务，但在解决团队问题上存在不足

四、人员特点详细分析

测评小组以团队管理能力为例对被测评者进行结果分析。

1. 总体得分 4.075 分（满分 5 分），整体表现中等偏上。其中，领导、计划、组织能力中等偏上，判断能力较弱（具体数据及图表略）。

2. 被测评者的管理能力特点对工作的影响。

低分项（低于 4 分）对工作的影响	高分项（高于 4 分）对工作的影响
判断能力：缺乏对事物进行分析、辨别、判断的技能和本领，导致达到工作目的受到一定阻碍	1. 领导能力：擅长有效地领导团队在规定的时间内完成任务 2. 计划能力：根据具体项目情况预先进行统筹安排，有助于项目的有序开展 3. 组织能力：擅长灵活运用各种方法，把各种力量合理地组织协调起来，在团队运作上得心应手

3. 职位环境分析。

对被测评者有挑战的职位环境	适合被测评者的职位环境
需要对工作项目进行判断和决策，确保判断的正确性和可行性	1. 需要领导和授权他人完成某一项工作并全面把握过程中的质量 2. 为团队制定计划方案，确保方案的可行性 3. 组织管理成熟度较高，下属对自我成长有较强需求

五、面试建议

请重点关注面试关键点，深入了解被测评者情况，以把控风险。

管理职责	面试关键点	面试问题
领导与授权团队	◇团队建设的技能是否成熟 ◇授权是否及时合理全面 ◇是否激发团队斗志	请讲述一个团队项目处理的事件,并描述你是如何处理的?效果、难点分别是什么?
判断与决策能力	◇是否具备深度分析能力 ◇判断是否正确合理 ◇决策是否周密可行	请跟我们分享一个你判断失误的案例,你当时判断的依据以及失误的原因是什么?
压力应对与适应能力	◇是否具备控制情绪的能力 ◇在压力下能否正确调节自己 ◇在高压下处理工作是否妥当	请描述你担任管理职位以来,工作中遇到的最大压力是什么?你是如何面对和解决的?

3.6.3　无领导小组讨论评分表

评价维度	分数	高分标准定义	被测人员A 观察记录	被测人员A 一次评分	被测人员A 二次评分	被测人员B 观察记录	被测人员B 一次评分	被测人员B 二次评分
分析能力	__分	1. 善于提出新见解,能抓住问题实质,并提出有价值的解决办法 2. 发言次数多,善于引导讨论并进行阶段性总结						
协调能力	__分	争取他人合作,尊重不同意见和看法,能与他人和睦相处,并达成一致意见						
……	……	……	……	……	……	……	……	……

3.6.4 素质测评评分表

测评要素		测评标准	评分
测评维度	测评内容		
生理素质	体质		
	精力		
	形象		
	……		
心理素质	个性特征		
	成就动机		
	职业兴趣		
	……		
知识技能	专业知识		
	专业技能		
	沟通能力		
	……		

3.6.5 公文筐测试评分表

姓名			年龄		
应聘岗位			应聘部门		
考核点	考核内容	满分	实际得分	备注	
计划组织能力	处理问题是否有条理、是否得当				
分析解决问题能力	是否善于发现问题并从中获得有用信息，能否快速采取有效措施解决问题				
授权	是否恰当地给下属授权				
协调沟通能力	是否有效地化解分歧并达成一致意见				
……	……	……	……	……	

3.7 人才测评服务商业模式创新

3.7.1 测评+招聘

人才测评是指企业通过科学合理的方法和标准，对员工的整体职业素养和工作绩效进行测量评定的过程。

人才测评被应用于企业管理的诸多领域，如人才招聘等。人才测评在人员招聘过程中有非常重要的作用，通过人才测评，可以深入了解应聘者的基本能力素质、行为风格、兴趣爱好、稳定性等特点，考察应聘者的发展潜力、工作风格、工作内容、环境偏好、工作积极性等因素。因此，人才测评的实施有助于提高企业在人才招聘过程中甄选的效度和准确度，降低错误录用的风险与成本。

3.7.2 测评+培训

企业在培训管理工作中往往会遇到这样的情况：投入了不菲的培训成本，可员工对培训的评价却很低，且培训后也没有取得预期的效果。

通过实施人才测评，根据测评的结果制订计划并开展培训，最后呈现的结果就会与上述的情形不同。

人才测评可以对员工进行诊断，据此制定出有针对性的培训项目，并作为评估培训效果的工具。此外，人才测评还可以帮助员工分析自己能力、动力、个性等方面的特性，进而协助员工解决职业定位、职业发展等问题，帮助其更科学地进行职业生涯规划。

3.7.3 测评+人才盘点

人才测评是进行人才盘点工作前的重要一环。人才测评采用科学的方法，对员工的能力、职业兴趣、人格特质等要素进行具体量化，使其能更加清晰地认识自己，也有助于企业更加了解员工的能力水平，进而构建起内部的人才梯队。

3.7.4 测评+大数据

大数据技术被应用在人才测评工作中，有助于员工查找自身的不足，有针对性地进行能力提升，从而更快地达到预设的职业目标。与此同时，企业也可以对员工的工作业绩做出预测，并为员工的进一步甄选提供有力参考。

此外，大数据技术通过结构化和非结构化的数据处理，还可以提高分析结果的客观性，有利于为企业管理者提供相对准确的测评结果，从而提高决策的科学性，避免目前采用的一些测评方法易受到主观因素影响而降低测评结果信度的问题。

3.7.5　测评+VR

VR技术（虚拟现实技术）的发展会促使人才测评从选择何种经典测评工具走向更关注评估内容及后续发展的阶段。测评结果也将以更生动活泼的形式展现，而不是某些显得生涩的专业术语。

目前，一些公司推出了VR测评产品，用来评估被测评者某方面或某几个方面的潜质。在测评过程中，测评人员会构建虚拟的仿真情景，情景中预设考察点，从中收集反馈信息并据此得出测评结果。

第4章 人力资源培训服务

4.1 人力资源培训服务的业务类型

4.1.1 公开课

公开课是部分人力资源服务机构面向某类人群推出的正式的、公开的讲授课程。企业可根据需求选择所需参加的课程项目,以提高参训者的业务能力。

4.1.2 企业内训

为了企业发展的需要,企业有时会从人力资源服务机构聘请经验丰富的培训讲师为企业做内训,以解决企业面临的问题。

4.1.3 咨询式培训

咨询式培训又称为顾问式培训,是指人力资源服务机构作为外部顾问介入企业内部,与企业商讨其存在的问题及产生原因,进行培训需求和企业运营情况的调研,对企业的现状有较为全面的了解后确定培训内容,完全按照企业的个性问题设计培训方案并予以实施。

4.1.4 在线培训

在线培训是将网络技术应用于人力资源开发领域而创造出来的一种培训方法和形式,主要包括以下两种方式。

1. 同步培训

教师和学员同时上网,教师在网上指导学员学习。

2. 非同步培训

教师把学习内容上传到网上,学员根据自己的时间安排学习。

4.2 人力资源培训服务部岗位设计与岗位说明

4.2.1 人力资源培训服务部组织架构

下图是一则人力资源培训服务部的组织结构示例,供参考。

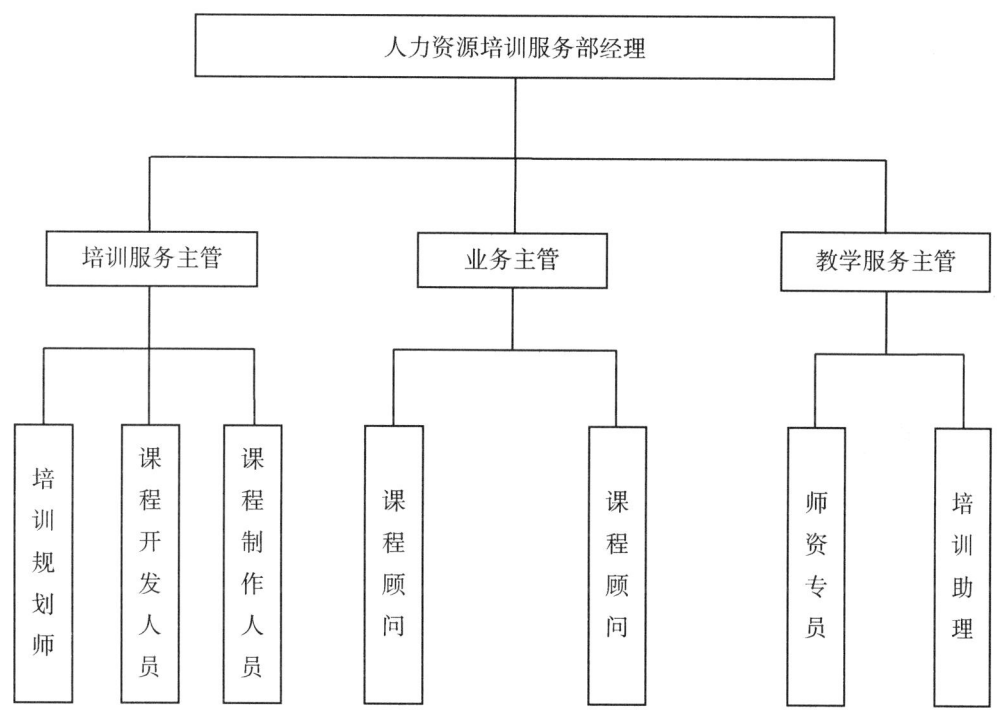

⊙ 人力资源培训服务部组织架构

4.2.2 课程开发人员岗位说明书

岗位名称		课程开发人员	职位编号	
部 门		人力资源培训服务部	直接主管	培训服务主管
岗位概述		在人力资源培训服务部经理的指导下,负责企业培训课程的开发与管理等工作		
岗位职责	职责一	负责制定本公司课程开发的各类规范和流程		
	职责二	依据培训项目年度培训计划,配合主管构建满足公司各阶段、各层级的培训课程体系		

岗位职责	职责三	根据课程体系，设计开发科学实用、以技能提升为主的培训课程
	职责四	对课程开发的进度和课程品质进行管理和监控
	职责五	对培训课程进行实践后的修改，并亲自或指导培训讲师授课
	职责六	把握当前职业教育、在线教育发展趋势，把握行业动态及市场需求，精准确定课程方向
任职条件	知识与技能	人力资源管理或相关专业本科及以上学历
		具备课程开发的相关知识和技能
		具备严谨细致、责任心强、执行力强、踏实敬业的职业素养
	工作经验	2年以上培训机构课程开发设计或培训管理工作经验

4.2.3 课程制作人员岗位说明书

岗位名称		课程制作人员	职位编号	
部门		人力资源培训服务部	直接主管	培训服务主管
岗位概述		在人力资源培训服务部经理的指导下，负责企业培训课程的制作与管理等工作		
岗位职责	职责一	负责制定本公司不同类型课件的制作规范，并监督实施		
	职责二	根据客户需求，完成课程的设计和制作工作		
	职责三	负责课件制作项目的进度和质量，并监督指导下属做好课件制作的工作		
	职责四	与其他部门进行有效沟通，积极推动培训项目的进行		
	职责五	管理本企业所有的课件资源		
任职条件	知识与技能	人力资源管理相关专业本科及以上学历		
		具备课程制作的相关技能和知识		
		对工作有热诚，具备卓越的审美观和较强的编导能力		
	工作经验	2年以上同等岗位工作经验		

4.2.4 课程顾问岗位说明书

岗位名称	课程顾问	职位编号	
部门	人力资源培训服务部	直接主管	咨询主管
岗位概述	向客户提供专业的课程体系讲解，根据客户需求提出课程建议，并最终达到销售目的		

岗位职责	职责一	负责课程的推广，向客户提供专业的课程体系讲解
	职责二	为客户设计符合其需求的专业化、个性化的课程体系，促成其签约
	职责三	积极参与部门和公司组织的各种培训和学习，不断提高销售沟通技巧
	职责四	协助处理培训教学中的日常事务，协助其他部门完成培训服务部组织的各种活动
任职条件	知识与技能	人力资源管理、行政管理、市场营销等专业大学本科及以上学历
		了解培训的专业知识，能为客户进行准确介绍和课程规划
		具备良好的沟通能力和强烈的销售意识，具有进取心，抗压能力强
	工作经验	1年以上大型培训机构培训课程顾问的相关经验

4.3 人力资源培训服务业务制度设计

4.3.1 人力资源培训服务规范

制度名称	人力资源培训服务规范	编 号	
		版 本	

第1条 目的

为了规范本公司培训服务的基本要求、服务流程，更好地为客户提供培训服务，特制定本规范。

第2条 适用范围

本规范适用于本公司培训服务业务的管理。

第3条 培训内容

本公司提供的培训内容，主要包括以下几个方面：

1. 人力资源相关法律法规政策培训。

2. 个人能力开发、个人素质提升培训。

3. 专业技能培训、岗位技能培训、职业道德培训。

4. 职业资格考前培训以及其他相关培训。

第4条 服务流程

本公司培训服务流程主要包括以下几个方面：

1. 需求调查分析

首先对客户的培训需求进行调查分析，然后向客户提供需求分析报告。

2. 课程研发和培训服务方案制定

根据需求分析的结果以及客户的意见，研发培训课程，制定培训服务方案。

3. 培训服务方案的内容

（1）培训的对象、目的、内容及阶段目标。
（2）培训的形式与方法、实施工具、辅助手段。
（3）考核及培训效果评估方式、经费预算。
4. 信息发布
遵守公平、公开、诚实守信的原则，通过自行、委托合作等渠道发布信息。
5. 培训服务协议签订
就培训内容、方式、期限、收费项目及标准等有关事项与客户签订协议。
6. 服务提供注意事项
（1）按照培训方案提供培训资料及教学设备。
（2）对培训过程及工作人员进行管理与监控。
（3）培训结束前应组织客户满意度调查，主要调查培训内容的针对性与合理性等。
第5条 附则
1. 本规范未尽事宜参照公司相关规定执行。
2. 本规范由人力资源部负责起草和修订，经公司总经理审批后生效。

编制日期		审核日期		批准日期	
修改标记		修改处数		修改日期	

4.3.2 企业培训需求报告撰写制度

制度名称	企业培训需求报告撰写制度	编 号	
		版 本	

第1章 总则

第1条 目的

为了提高本公司为客户企业编制的培训需求调查分析报告的水平，规范该项工作的开展，便于培训需求调查工作科学、有序、规范化开展，提升客户满意度，特制定本制度。

第2条 适用范围

本公司为客户企业撰写的所有培训需求调查分析报告，除客户另有要求外，均按照本制度执行。

第2章 内容及撰写要求

第3条 培训需求调查分析报告的内容

1. 培训需求调查分析报告的提要，主要是概括报告的要点。
2. 培训需求调查分析报告的撰写单位。
3. 培训需求调查分析报告的撰写时间。
4. 培训需求调查分析报告的撰写对象及角度。
5. 培训需求调查分析报告的背景。
6. 培训需求调查分析报告的目的和性质。
7. 培训需求分析实施的方法和流程。

8. 培训需求分析的结果。

9. 对客户员工培训提供的参考意见。

10. 培训需求调查分析报告的附录，包括收集和分析信息时用的相关图表、原始资料等，其目的在于鉴定收集和分析信息所采用的方法是否科学、合理。

第 4 条　培训需求调查分析报告的撰写要求

1. 各项分析说明必须要有明确、准确的信息来源，不能主观臆测。
2. 内容应客观、全面、系统。
3. 层次清晰，逻辑性强。
4. 切合实际，符合客户实际需求。
5. 用词准确，简明扼要，具有说服力。
6. 少用文字，多用图形、表单。

第 3 章　撰写步骤

第 5 条　了解客户企业的要求

撰写者要与客户进行有效沟通，充分了解客户对培训需求调查分析报告的编制要求。

第 6 条　收集客户企业的数据资料

客户企业的数据资料是撰写培训需求调查分析报告的基础。撰写者在撰写培训需求调查分析报告之前可通过问卷法、观察法、访谈法、小组讨论法及测试法等获取客户企业的培训需求信息。

第 7 条　拟订报告提纲

撰写者要根据已经理清的思路，以摘要的形式确定培训需求调查分析报告的主要框架，编写报告提纲。

第 8 条　编写详细内容

撰写者要依据报告提纲对培训需求中的相关项目进行详细说明，包括培训项目、培训时间、培训方式、培训深度和广度、培训考核等，并保证各章节之间的条理性和逻辑性。

第 9 条　修改、定稿

在培训需求调查分析报告的撰写过程中，撰写者要尽量与相关部门、专家、客户企业多沟通，以明确培训项目、培训方法等，并要反复推敲、多方面思考，使其更完善。

第 4 章　"输出"要求

第 10 条　打印要求

培训需求调查分析报告必须要用公司规定的纸张单面打印，正文中的任何部分都不得打印到稿纸边框线外。

第 11 条　数字书写要求

培训需求调查分析报告中的各项统计数据一律用阿拉伯数字书写。

第 12 条　标点符号运用要求

培训需求调查分析报告中的标点符号应正确使用，避免因标点符号使用不当而造成阅读人员理解困难。

第 13 条　表格的编制要求

培训需求调查分析报告中的每个表格都应有标题，标题写在表格上方居中。表格允许下页续写，续写时表题可省略，但表头应重复书写，并在表格右上方写明"续表"。

第 14 条　插图的使用要求

培训需求调查分析报告中的插图必须精心制作，整洁美观，与内容相符，具有较强的说明性或比较性。插图一律插入正文的对应位置，并标注图标题，图标题应放在图片下方居中处。

第 5 章　附则

第 15 条　本制度未尽事宜参照公司相关规定执行。

第 16 条　本制度由企业培训事业部负责起草和修订，经总经理审批后生效。

编制日期		审核日期		批准日期	
修改标记		修改处数		修改日期	

4.3.3　外部培训讲师合作制度

制度名称	外部培训讲师合作制度	编　号	
		版　本	

第 1 条　目的

为了规范公司与外部培训讲师的合作，保证培训工作有效、有序开展，特制定本制度。

第 2 条　适用范围

本制度适用于公司与外部培训讲师合作的管理。

第 3 条　外部培训讲师的任职条件

1. 理论知识全面，业务技能突出，掌握培训方法。
2. 大学本科及以上学历，培训讲师经验 2 年以上。
3. 取得初级以上讲师资格证，熟练使用现代培训工具，擅长交流和沟通。
4. 对待培训工作积极热情，主动性强；认真负责，乐于助人，能够帮助员工答疑解惑。

第 4 条　外部培训讲师的权利和义务

1. 权利

（1）知识产权和个人研究成果受保护。

（2）依照双方的合作协议获取劳动报酬。

2. 义务

（1）接受公司对培训工作的考核，遵守公司的相关制度。

（2）积极主动、保质保量地完成公司安排的培训任务，提高员工素质和业务能力。

第 5 条　公司的权利和义务

1. 权利

（1）对外部培训讲师进行考核。公司人力资源部负责收集参训人员对外部培训讲师的评分表，并组织考核；考核结果优秀的予以奖励，不合格的终止协议。

（2）根据公司的实际情况制定培训制度，确定培训内容和培训方式。

2. 义务

（1）按照协议按时足额发放外部培训讲师的课酬。

（2）为外部培训讲师提供相关场地和设备，保证培训工作的顺利开展。

第 6 条　外部培训讲师的聘用程序

1. 搜集、筛选课程讲授人信息

人力资源部通过平面媒体、网络媒体、企业信息库等多种渠道搜集课程讲授人的资历、经验等资料，结合公司的培训需求、培训目标、培训对象、培训经费等情况对课程讲授人进行初步筛选。

2. 对课程讲授人资质进行审查

人力资源部对通过筛选的课程讲授人进行资质审查，未通过审查的，不能聘用。

3. 组织试讲与评估

人力资源部与通过审查的课程讲授人联系，组织其进行试讲，并对试讲结果进行评估。

4. 确定课程讲授人名单

人力资源部结合试讲评估结果拟定课程讲授人聘用名单，并上报人力资源部经理审批，经审批通过后，人力资源部与课程讲授人就培训相关事宜进行协商，并签订合作协议。

第7条 培训讲授内容及方式

1. 培训内容

（1）业务知识

主要是公司的业务和产品知识等内容。

（2）业务技能

重点是公司业务运行中容易发生的问题、风险环节和工作技能等内容。

2. 培训方式

可以根据具体情况采取专题讲座、经验交流会、专项培训等多种方式，力求丰富精彩。

第8条 附则

1. 本制度未尽事宜参照公司相关规定执行。
2. 本制度由人力资源部负责起草和修订，经公司总经理审批后生效。

编制日期		审核日期		批准日期	
修改标记		修改处数		修改日期	

4.3.4 培训讲师课酬管理制度

制度名称	培训讲师课酬管理制度	编 号	
		版 本	

第1条 目的

为了提高公司培训讲师的积极性，特制定本制度。

第2条 适用范围

本制度适用于公司对培训讲师课酬的管理。

第3条 课酬发放标准

本公司的培训讲师包括全职内部讲师、兼职内部讲师、外聘讲师，其课酬发放标准见下表。

⊙ 公司培训讲师课酬发放标准

讲师类型	发放依据	发放标准	其他说明
全职内部讲师	讲师级别	助理培训讲师：＿＿＿＿＿＿元/课时 初级培训讲师：＿＿＿＿＿＿元/课时 中级培训讲师：＿＿＿＿＿＿元/课时 高级培训讲师：＿＿＿＿＿＿元/课时	如培训人员超过＿＿＿＿＿人，按标准课时的＿＿＿＿＿倍发放
兼职内部讲师	岗位	一般员工：＿＿＿＿＿＿元/课时 中层管理人员：＿＿＿＿＿＿元/课时 高层管理人员：＿＿＿＿＿＿元/课时	培训期间，原岗位的工资照常发放
外聘讲师	根据与公司签订协议的标准计发		

第4条 课酬计算方式

课酬计算方式见下表。

⊙ 课酬计算方式

级别系数	助理培训讲师1.0，初级培训讲师1.1，中级培训讲师1.2，高级培训讲师1.5
难度系数	原创课程首次讲授1.5，原创课程二、三次讲授1.2，其他及非原创课程1.0
课时系数	累计每日授课3小时以内1.0，3~5小时1.2，5小时以上1.6
绩效系数	学员满意度<60%，系数为0.3；60%≤学员满意度<80%，系数为0.5；80%≤学员满意度<90%，系数为1.0；学员满意度≥90%，系数为1.2
总课酬	总课酬＝课酬基数×级别系数×难度系数×课时系数×绩效系数

第5条 课酬发放程序

1. 培训服务部编制培训讲师课酬计划发放表（见下表）一式三份，由部门经理审核后，报公司主管负责人审批。

⊙ 培训讲师课酬计划发放表

讲师姓名	培训课程	培训地点	课时	应发课酬	补发课酬	扣发课酬	实发课酬	备注

2. 培训实施过程中，如有变更培训讲师或授课时间，且涉及课酬计付的情况，培训服务部应重新调整课酬计划发放表。

第 6 条　本制度未尽事宜参照公司相关规定执行。

第 7 条　本制度由人力资源部负责起草和修订，经公司总经理审批后生效。

编制日期		审核日期		批准日期	
修改标记		修改处数		修改日期	

4.3.5　客户培训效果评估制度

制度名称	客户企培训效果评估制度	编　号	
		版　本	

第 1 章　总则

第 1 条　目的

为了规范客户企业员工培训效果的跟踪与评估工作，确保跟踪及时，评估依据准确性高，评估结果客观、有效，特制定本制度。

第 2 条　适用范围

本制度适用于公司承接的所有客户企业委托的培训项目的效果跟踪及评估工作。

第 2 章　组建培训效果跟踪评估小组

第 3 条　培训效果跟踪评估小组的组成

1. 培训效果跟踪评估小组一般由熟悉该项目的人员、参加该项目的人员及具有丰富培训效果跟踪评估经验的人员组成，具体人员名单报培训事业部经理审批决定。
2. 培训效果跟踪评估小组设组长一名，成员 1~2 名，组长与成员职责清晰、分工明确。

第 4 条　培训效果跟踪评估小组的具体职责

1. 制定培训效果跟踪方案并进行跟踪，收集评估所需信息。
2. 选择培训效果评估方法，编制培训效果评估方案。
3. 组织开展培训效果评估工作。
4. 编制培训效果评估报告，总结经验教训，并提出工作改进意见。

第 3 章　培训效果跟踪评估管理

第 5 条　培训效果评估的内容

公司分别从学员反应评估、学习效果评估、学员行为评估和成果评估四个层次对客户企业员工的培训效果进行评估。具体评估内容见下表。

⊙ 培训效果评估内容表

评估内容	说明
学员反应评估	培训结束后，评估小组向参加培训的客户企业员工发放培训满意度调查表，征求学员对培训的反应和感受，然后再结合所有人的总体反应得出培训效果基本评价

续表

评估内容	说明
学习效果评估	检查学员的学习效果，测量学员对知识和技能的掌握程度
学员行为评估	衡量学员培训前后工作表现上发生了多大程度的改进
成果评估	衡量工作业绩的变化，可以直接对接受培训之后的员工工作业绩以及所在团队工作成绩进行测量、分析和判断，以确定培训的效果

第6条　培训效果评估的方法及时间

不同的培训效果评估层次，其对应的评估方法及时间也不一样，具体如下图所示。

评估层次	评估方法	评估时间
学员反应评估	问卷调查、评估访谈、培训时观察等	培训项目结束时
学习效果评估	笔试、技能操练、工作模拟等	培训项目结束时
学员行为评估	正式的测评或非正式的方式（如观察）	培训前及培训结束后3~6个月
成果评估	统计分析事故率、生产率、员工流动率、离职率、次品率等绩效指标的变动	培训结束后半年至一年

⊙ 培训效果评估的方法及时间

第7条　培训效果跟踪工作

培训结束后，跟踪评估小组应建立培训跟踪档案，持续跟踪培训效果。

第8条　编制培训效果评估报告

跟踪评估小组需按要求及时提交培训效果评估报告，并提出培训工作改进意见，以提高客户企业的培训效果。同时，跟踪评估小组应就培训效果的有效转化方法给出具体建议，配合客户企业做好培训效果的转化工作，提高并巩固培训效果。

第4章　附则

第9条　本制度由培训事业部负责制定、修订及解释。

第10条　本制度经总经理审批通过后生效。

编制日期		审核日期		批准日期	
修改标记		修改处数		修改日期	

4.4 人力资源培训服务业务流程设计

4.4.1 培训课程开发流程

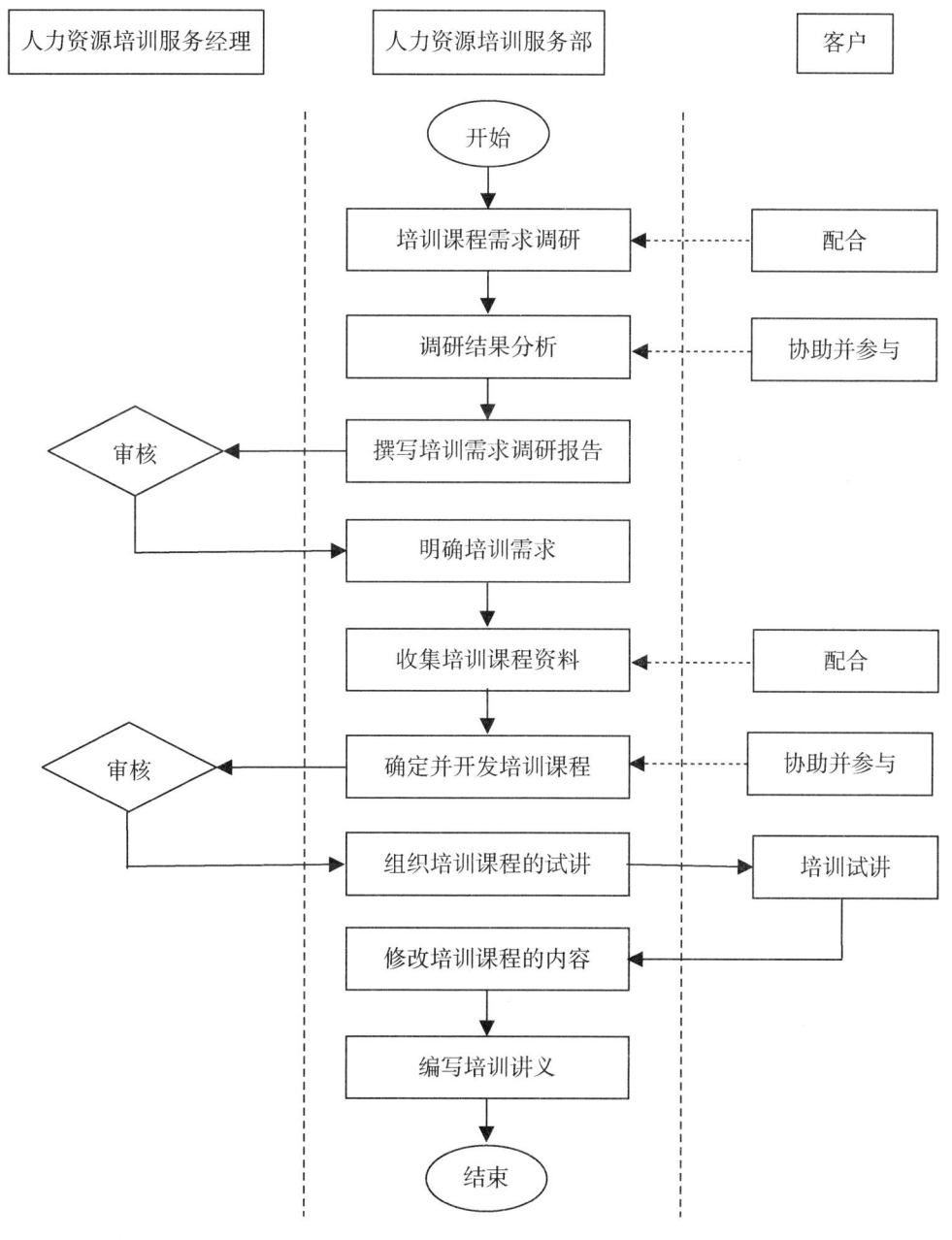

4.4.2 网络课程开发流程

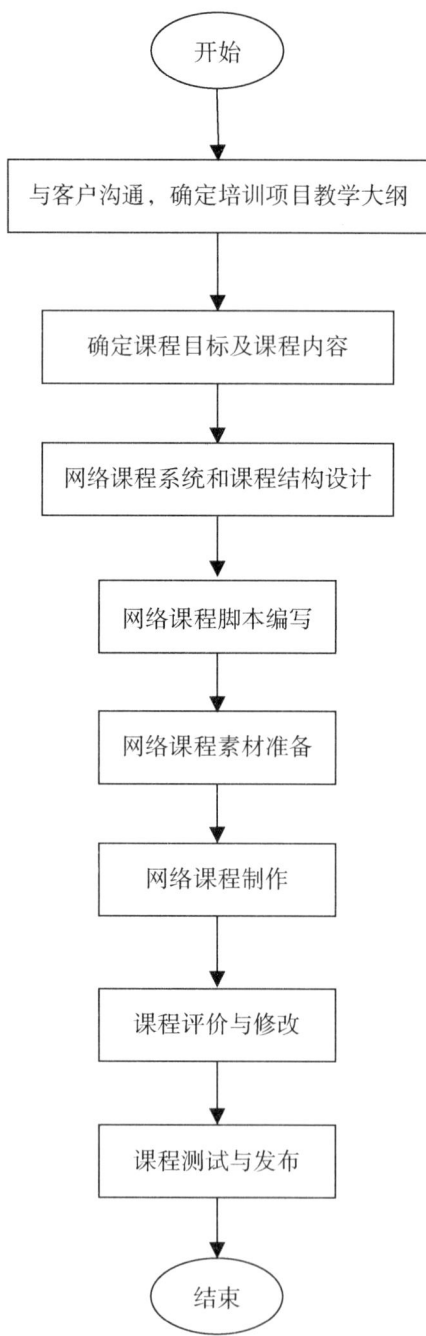

4.4.3 公开课运营流程

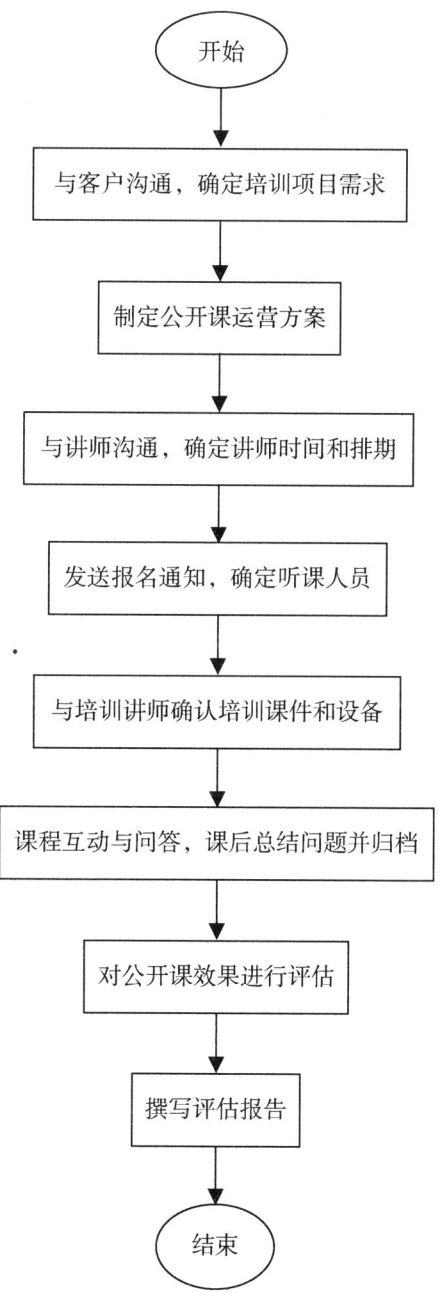

4.4.4 内训课运营流程

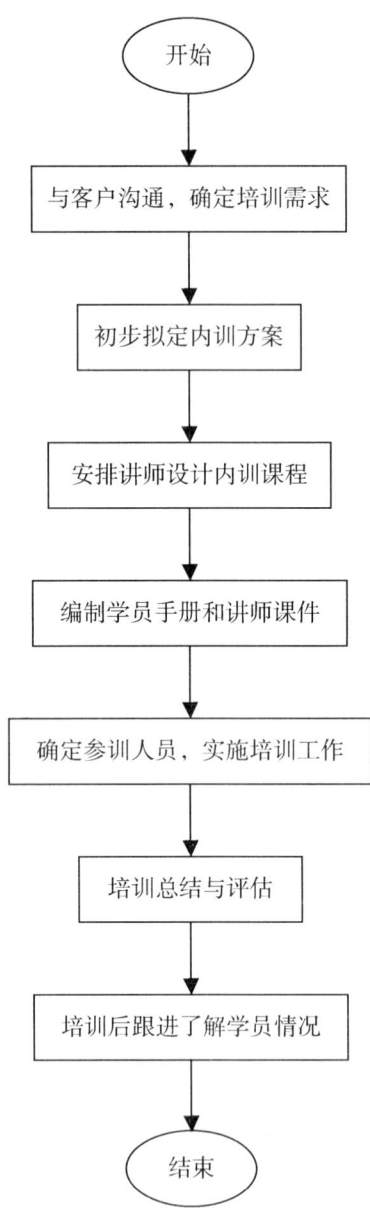

4.5 人力资源培训服务标准与合同

4.5.1 人力资源培训服务标准规定

《人力资源培训服务规范》对人力资源服务机构开展培训业务进行了明确规定,下表是其中的部分内容。

⊙ 人力资源服务机构开展培训业务的有关规定

方面	内容说明
服务机构	从事人力资源培训服务的机构应获得相应资质
从业人员	对专业人员的要求: 1. 1 年以上人力资源培训工作经验 2. 具备人力资源培训服务专业知识和岗位能力
	对培训讲师的要求: 1. 本科及以上学历,3 年以上从教经验且有相关行业从业 5 年以上经历 2. 其他特殊专业的人才
场地及设施设备	培训场地和设施设备应与培训规模和培训内容相适应;培训场地应整洁卫生,场地设施应符合消防安全要求
数据库	1. 服务机构应建立培训服务信息数据库 2. 数据库应包括客户、培训讲师、课程资料等信息内容 3. 数据库信息应定期进行更新和备份 4. 服务机构对客户信息应保密,未经允许不得泄露

4.5.2 人力资源培训服务注意事项

1. 合同违约风险

(1)培训课件无法交付导致的合同违约风险。

(2)由于各种原因客户对培训工作不满意,进而不愿意继续接受机构的培训服务,导致培训业务中止及不支付后续款项的风险。

2. 其他运作方面的风险

（1）资质齐全与否的风险。

（2）报名、考试、发证等环节中因工作人员操作失误造成的风险。

（3）信息系统因损坏、更新等使数据丢失、泄密等风险。

4.5.3 人力资源培训服务合同

文书名称	人力资源培训服务合同	编　号	
		版　本	

委托方（甲方）：××公司　　　　　　　服务方（乙方）：××培训服务公司
地址：　　　　　　　　　　　　　　　　地址：
法定代表人：　　　　　　　　　　　　　法定代表人：
联系电话：　　　　　　　　　　　　　　联系电话：

根据《中华人民共和国合同法》等法律法规的规定，甲乙双方在平等自愿、协商一致的基础上，就培训服务事宜达成如下协议。

一、培训时间及内容

1. 培训时间：＿＿年＿＿月＿＿日至＿＿年＿＿月＿＿日，共计＿＿天。其中，＿＿年＿＿月＿＿日至＿＿月＿＿日为培训的第一阶段，＿＿年＿＿月＿＿日至＿＿月＿＿日为培训的第二阶段，＿＿年＿＿月＿＿日至＿＿月＿＿日为培训的第三阶段。

2. 培训内容及师资安排（略）。

二、培训服务费用

1. 培训期间甲方应支付乙方培训服务费＿＿＿＿元/课时；甲方依照培训阶段向乙方支付培训服务费，即在每一培训阶段开始前，向乙方支付当期的培训费用。

2. 支付方式：乙方账户名为＿＿＿＿＿＿，账号为＿＿＿＿＿＿＿＿，开户行为＿＿＿＿＿＿。

三、甲方的权利与义务

1. 在签订培训合同前，可试听＿＿＿＿课时的课程。

2. 乙方未依照合同约定开展培训服务的，甲方有权要求乙方履行合同或者解除合同，并由乙方依照合同约定的服务金额的＿＿＿％支付违约金。

3. 培训期间，乙方未取得甲方同意擅自缩短培训课程，应依照合同约定的培训课时费用的标准退还尚未完成培训课时的费用，同时向甲方支付违约金＿＿＿＿元。

4. 对乙方提供的培训服务有批评、建议的权利。

5. 遵守乙方的培训管理规定。

6. 如实提供学员与培训课程有关的学习情况。

7. 依照合同约定支付培训费用。

8. 甲方因特殊原因改变培训时间的，应提前＿＿＿＿小时告知乙方并取得乙方的同意。

四、乙方的权利与义务

1. 依照合同约定收取培训费用。

2. 制订详细的培训计划，并依照约定对甲方实施培训管理。

3. 甲方在培训过程中遇到学习困难时，乙方应该免费在____小时内予以解决。
4. 提供与培训内容相适应的培训环境。
5. 乙方因特殊原因改变培训时间的，应提前____小时告知甲方并取得甲方的同意。

五、合同争议解决

本合同在履行过程中发生争议的，由双方当事人协商解决；协商不成的，任何一方可向所在地劳动争议仲裁委员会提起仲裁或人民法院提起诉讼。

六、合同生效、变更与终止

1. 本合同自甲乙双方盖章签字之日起生效。
2. 如本合同在履行过程中发生需要变更、补充和修改的情况，可根据双方的合作意愿和实际情况进行友好协商，经双方同意后对合同进行变更。未经双方同意，任何一方不得随意更改。

七、其他

1. 本合同未尽事宜，由甲乙双方协商后产生书面文件，作为本合同的补充条款，具备与本合同同等的法律效力。
2. 对本合同内容的任何修改和变更需要用书面形式，并经双方确认后生效。

甲方（签章）　　　　　　　　　　　　乙方（签章）
代表签字：　　　　　　　　　　　　　代表签字：
日期：　　　　　　　　　　　　　　　日期：

4.6　人力资源培训服务常用文书

4.6.1　培训项目建议书

文书名称	培训项目建议书	编制部门	
		版　本	

一、公司概况

A公司产品从销售通路（超市）和价格策略上都可以看出是走大众消费路线。由于产品具有性价比高、口碑好、经销商利润空间大、企业实力强等优势，公司得以迅速发展。与此同时，存在的以下问题也不容忽视。

1. 现有的超市促销员大都未经过正规系统培训，素质参差不齐。
2. 产品品种多，涉及门类广，产品知识难以系统掌握，更需要长期循环性培训加以巩固落实。

二、工作策略

根据以上情况，初步提出以下工作策略。

1. 本项目的培训目前只针对营销人员，其他部门暂不涉及。
2. A 公司现有的《××人员促销培训手册》其实是一本销售指南，可读性和实战性并不明显，应进行修改升级。
3. 逐步建立公司自有的培训体系，增强凝聚力，提升员工素质。

三、项目内容

围绕上述问题，暂定以下工作内容。

1. 结合 A 公司的实际问题，促进培训体系的建立。
2. 制定培训管理制度，帮助 A 公司管理制度落地。
3. 指导《促销员培训手册》《销售人员工作手册》的编制和完善。

四、工作流程

由于双方第一次合作，本公司与 A 公司双方经过协商暂定合作期限为 3 个月，具体工作流程见下表。

⊙ 工作流程

工作阶段	定义	详细内容
第一阶段	导入期	本公司指导相关培训负责人，初步建立培训体系
第二阶段	整合期	1. 进一步完善培训体系 2. 根据制订的培训计划对营销人员实施培训
第三阶段	巩固期	1. 依据 A 公司的培训反馈进行培训评估 2. 培训教材的完善和定稿

五、培训课程及讲师介绍

（略）

六、培训报价

1. 前期策划+中期辅导培训+后续服务，综合报价为_____万元。
2. 服务期间如策划实施活动过程中发生的场地租用、差旅等费用，由 A 公司承担，不在上述报价内。
3. 此方案由 A 公司认可后即生效，付款方式由双方另行商议。

4.6.2 培训项目运营方案

方案名称	培训项目运营方案	编制部门	
		版　本	

一、培训需求与目标

（略）

二、培训对象及内容

本项目的培训对象为 A 公司的系统维护人员、系统应用人员等，培训的内容包括对应用系统的管理、操作、运维，主要侧重于对该系统的使用及系统的基本维护、常见问题及解决办法等。

三、培训策略

本公司针对该项目采用以下培训策略。

1. 针对性培训

培训对象包括系统操作人员、系统技术人员等。A 公司使用的系统是一套功能完善的应用系统，涉及人员众多，本公司针对不同人员安排不同的课程和采取不同的培训形式。

2. 提供多种形式的培训教材

本公司提供电子文档、印刷品等多种形式、全面和标准的教材，以利于其后续稳定应用系统，其中电子文档将放在系统中供用户随时下载。

……

四、项目培训计划

为了使 A 公司的管理人员对本次培训工作有更清晰的了解，本公司结合该项目的现状，依据项目管理的不同阶段，制订了详细的培训工作计划。

1. 培训内容及实施时间

结合 A 公司的培训需求及工作实际，本公司制订的培训工作计划见下表。

⊙ 培训工作计划表

阶段	培训内容	培训时间
阶段一	×××系统应用功能介绍	
	××数据分析功能介绍	
阶段二	系统安装配置升级操作指南	
	……	

2. 培训资料

本公司根据不同的培训对象和培训课程提前安排相关人员编写相应的培训教材，包括印刷品和电子文档、课件等，培训教材印制数量比参训人数多 20%。

3. 培训成果交付

（1）总体培训方案及每个阶段的培训方案。
（2）总体培训计划及阶段培训计划。
（3）为每个阶段准备的培训教材。
（4）最终的项目总结和评估报告。

五、培训收费

1. 费用总额

阶段一的培训费用为____元，阶段二的培训费用为____元，合计____元。

2. 支付方式（略）

4.6.3 培训项目评估报告

文书名称	培训项目评估报告	编制部门	
		版 本	

培训主题：_____
培训对象：_____
培训时间：_____
培训讲师：_____
培训地点：_____

一、培训项目实施概况

通过年初的培训需求调查和分析，A 公司发现，有不少员工（特别是主管级员工）常常出现一些角色模糊、经验导向、工序流程不畅等问题。

针对这些问题，A 公司人力资源部经过有效的分析和判断，结合年度培训计划，向总经理提交申请，引入 B 公司为 A 公司员工进行培训，并制定了完整的培训方案。此次培训项目共____人参加，从此次培训的机构和实施的角度来讲，总体效果良好。

二、培训反馈情况

培训结束后，B 公司共收回____份有效评估问卷，问卷主要从培训讲师的授课效果、培训内容设计及培训组织服务工作三个方面进行问题设计，其反馈结果见下表。

⊙ 培训反馈表

评估内容		评估得分
讲师授课效果	课堂气氛的掌控能力	
	授课的逻辑性与系统性	
	课堂互动情况	
	授课技巧	
培训内容设计	培训内容的实用性	
	培训课程安排的合理性	
培训组织服务工作	培训场地的布置	
	相关设施物品的准备	
	培训工作人员的服务质量	
综合得分		

三、培训评估结果

1. 培训组织运营评估（略）
2. 培训成本—收益评估

培训成本—收益评估在培训结束两个月后进行，主要利用操作人员受训后劳动效率和生产质量的提高来间接说明培训所产生的经济效益。

(1) 成本分析

此次培训所发生的成本见下表。

⊙ 培训成本分析表

成本构成	具体名目	金额（单位：元）
直接成本	培训讲师费用（授课、交通、食宿等）	3000
	培训资料费用（打印、复印、购买教材等）	500
	培训场地、设备器材租金等	2000
	其他杂费（水费、电费等）	600
间接成本	培训组织人员的时间成本（小时工资水平×所用时间）	1000
	受训人员的时间成本（小时工资水平×所用时间）	5000
总成本		12100

(2) 收益分析

培训前，生产车间某种产品的日产量为1000个，但是在生产过程中8%的产品因性能不合格而报废。同时，员工有怠工情绪，迟到、早退现象比较严重。经过培训，员工迟到、早退现象有所好转，日产量增加了100个；工作态度也明显好转，废品率下降了2%。下表是此次培训收益的具体分析。

⊙ 培训收益分析表

生产成果	评估指标	培训前	培训后	成绩	年收益（按250个工作日，产品单价为6元）
产量	生产率（日产量）	1000个	1100个	每天多生产产品100个	100×250×6＝150000元
质量	废品率（日废品率）	1000×8%（即80个/天）	110×（8%-2%）（即66个/天）	每天少生产废品14个	14×250×6＝21000元

(3) 投资收益率计算结果

投资收益率的计算，需要在不考虑培训项目的间接收益和培训效益发挥年限的情况下进行，即为（150000+21000）÷12100≈14.13，得出此次培训的投入产出比为1：14.13。

3. 培训对象考核情况

人力资源部根据此次培训项目的课程内容设计了笔试和实践两种考核方式。在考核中，有＿＿％的员工达到及格（＿＿＿分及以上）水平，其中有＿＿＿％的员工达到良好（＿＿＿分及以上）水平，只有＿＿＿％的员工没有达到及格标准。根据公司培训制度，对于没有及格的员工，人力资源部在一周后重新进行了指导和补考，这些员工全部通过了考试。

四、培训目标达到情况

此次培训很有针对性，对提高员工个人的非技术能力和工作绩效有较大的促进作用。

1. 取得的成绩

(1) 课程内容针对性比较强，与个人工作结合度高，并且难度适中。多数知识点需要员工结合实际工作才能更好地掌握和运用，因此培训后的回顾和应用对培训效果有直接的影响。
（2）员工整体工作状态发生了很大的变化，各项工作都能按照规范的流程有序进行和完成。
2. 需改进之处
在此次培训实施过程中，有部分应参加培训的员工因为种种原因没有按时参加或未参加，B公司培训小组没有及时与A公司人力资源部沟通反馈这一情况。

4.7 人力资源培训服务商业模式创新

4.7.1 培训+移动互联网技术

如今，移动互联网成为互联网的"新贵"，人力资源服务机构要在这种新趋势下把握机会，进而获得快速发展。

在过去，人力资源服务机构要求培训讲师至少具备讲课的能力、开发课程的能力和培训运营管理的能力。在如今移动互联网大行其道的时代，移动互联网技术为培训业务带来了一些新的工具和方法，也对培训讲师提出了更高的要求。培训讲师需具备的新能力在下面列举一二并予以简要说明。

1. 社群运营能力

随着互联网技术的兴起，新的传播社群也日新月异，如微信社群、微博社群、QQ社群在给人们生活带来便利的同时，也给企业的营销和推广提供了渠道，人力资源服务机构可以充分运用社群的力量来宣传公司的产品、推广自己的课程、扩展客户渠道等。

2. "爆款"打造能力

"爆款"是指在商品销售中供不应求、销售量很高的商品，即通常所说的卖得很多、人气很高的商品。人力资源服务机构的培训课程或培训方式也可以形成"爆款"，实现"爆点"营销，即打造一个或者多个"爆款"，吸引客户的注意力，让客流量持续增加，从而带来持续的口碑营销。

4.7.2 培训+直播

培训对于企业来说必不可少，但是线下培训的时间和金钱对企业是一笔不小的开支。直播培训突破了时空的限制，并且可以大大降低培训的支出，企业越来越倾向于选择这种成本低廉、部署便捷、稳定可靠的培训新形式。此外，这种方式还具有以下三个特点。

1. 一键分享，培训覆盖面更广

直播培训可以一键分享到微博、微信等，让有需求的学员随时随地都可以学习。

2. 培训还可设置参与权限

例如，公司关于高层战略管理的培训，就有必要设置参与人员的权限，可以在直播间设置密码，只有有密码的高管才能进入直播间参加培训。另外，直播培训还有学员分组、付费观看等功能，培训方式更加自主灵活。

3. 强效的互动机制

直播培训具备评论、红包、问卷、弹幕等多种互动功能，让授课充满乐趣，与时俱进的课程模式让学员爱上听课，即使错过了一场直播也不用担心，直播后的课程随时可以回看。

4.7.3 培训+细分化

随着培训市场竞争的日趋激烈，人力资源服务机构的生存压力逐渐增大，在这种情况下，谁能独树一帜，谁就能够占领先机。因此，差异化的竞争态势开始形成，培训细分化成为趋势。

培训细分化的趋势，要求人力资源服务机构运用多种手段来进行细分。例如，通过细分的课程设置打破人力资源服务机构之间的同质化竞争格局；通过对课程内容、培训方式、培训人员的细分，逐步实现培训行业的细分化，进而提升培训质量和专业度。

第 5 章 人力资源咨询服务

5.1 人力资源咨询服务的业务类型

5.1.1 人力资源法律咨询服务

企业在用人过程中一旦产生劳动纠纷，极有可能会给企业带来直接的损失和各种负面的影响。为了规避这一风险，企业除了需规范内部的用工管理外，还需了解各种劳动人事法律法规政策，以及如何规避用工风险。

一些人力资源服务机构推出的人力资源法律咨询服务，针对企业人力资源管理的法律问题如用工风险管控、劳动关系管理、内控制度搭建等，提供了解决之道，有助于企业对人力资源管理风险的预测与预防。

5.1.2 人力资源管理咨询服务

人力资源管理咨询服务是指根据客户要求，依据其发展目标进行内部、外部环境调研和分析，为其制定人力资源管理解决方案的过程。

结合企业在人力资源管理工作中出现的问题，人力资源管理咨询服务的业务包括但不限于以下七个方面。

1. 人力资源战略。

2. 工作分析。

3. 培训体系设计与开发。

4. 绩效考核体系设计。

5. 薪酬体系设计。

6. 人才测评。

7. 职业生涯规划。

5.2 人力资源咨询服务部岗位设计与岗位说明

5.2.1 人力资源咨询服务部组织架构

下图是人力资源咨询服务部组织架构的示例,供参考。

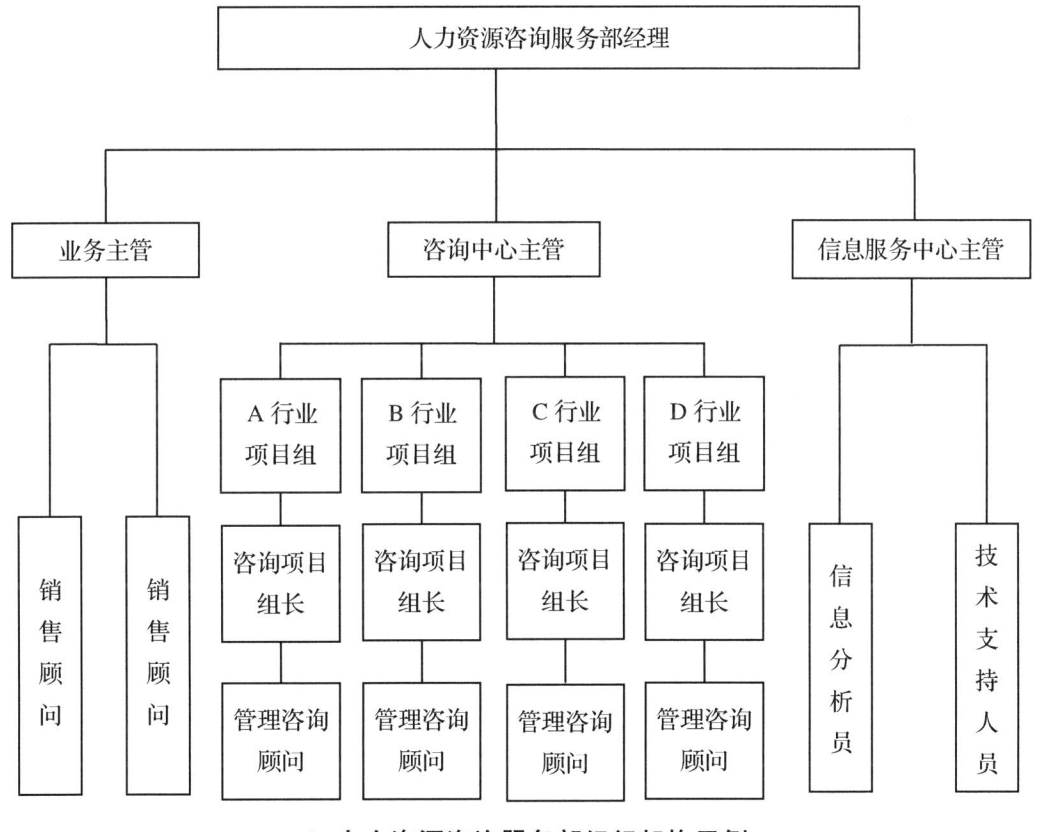

⊙ 人力资源咨询服务部组织架构示例

5.2.2 咨询项目组长岗位说明书

岗位名称	咨询项目组长	职位编号	
部　　门	人力资源咨询服务部	**直接主管**	咨询中心主管
岗位概述	带领项目团队承担公司咨询项目的整体运作,完成公司制定的任务目标		

岗位职责	职责一	咨询服务：参与咨询或调研项目，负责项目执行方案的制定及实施
	职责二	项目保障：直接参与管理工作，协助部门完成项目相关任务并提出改善建议
	职责三	客户关系：定期访问各项目客户高层领导，协调项目组工作，解决相关问题
	职责四	市场开发：调查和分析市场行情、行业信息，不断开发新的客户
	职责五	团队管理：审核团队的工作计划和工作落实情况
任职条件	知识与技能	企业管理、人力资源管理、财务管理等专业大学本科及以上学历
		熟悉战略管理、人力资源管理、生产管理等模块的咨询方法和工具
		具备优秀的团队领导能力、组织协调能力及沟通能力
	工作经验	3年以上大型人力资源咨询公司项目管理经验

5.2.3 管理咨询顾问岗位说明书

岗位名称		管理咨询顾问	职位编号	
部　　门		人力资源咨询服务部	直接主管	咨询项目组长
岗位概述		依据管理咨询项目的要求，参与项目咨询，满足客户需求，推进咨询项目的顺利开展		
岗位职责	职责一	管理咨询：对客户问题进行诊断分析，提供咨询方案和建议		
	职责二	客户关系：根据所负责的专项任务与客户沟通与汇报，了解客户需求		
	职责三	市场业务：根据公司安排，参与咨询项目的商务洽谈，促成咨询合作		
	职责四	知识更新：参与公司组织的咨询理念、咨询工具的创新与改良		
	职责五	其他事项：完成主管交付的其他相关工作		
任职条件	知识与技能	人力资源管理及相关专业本科及以上学历		
		熟悉人力资源规划、企业组织架构设计、岗位管理设计等人力资源管理咨询相关知识，熟悉各种咨询工具的使用		
		具备较强的理解与沟通能力，擅长整理分析、提炼知识与信息		
	工作经验	1年以上人力资源咨询公司管理咨询顾问工作经验		

5.3 人力资源咨询服务业务制度设计

5.3.1 人力资源管理咨询服务规范

制度名称	人力资源管理咨询服务规范	编　号	
		版　本	
第1条　目的 为了对本公司的管理咨询服务进行规范，保障咨询工作有序进行，特制定本规范。 第2条　适用范围 本规范适用于本公司的咨询服务业务。 第3条　服务内容 1. 公司人力资源管理系统诊断。 2. 岗位梳理与设计、岗位分析与职位说明。 3. 薪酬管理系统设计、绩效管理体系设计。 4. 培训管理体系设计、员工职业生涯规划。 第4条　服务流程及要求 1. 项目需求确认 在项目开始前，与客户进行沟通，了解客户的需求并制定建议方案，最后与客户签订服务合同保证项目的实施。 2. 项目准备 在此阶段，必须确定项目组成员、规范制度以及准备相关行业、客户情况等资料，并且初步确认项目的办公场所及时间安排。 3. 项目启动 项目组成员进行项目诊断，对客户进行问卷调查或访谈，撰写相关报告提交给客户。 4. 咨询方案设计 起草咨询方案，并与客户沟通、交换意见，接受客户反馈并修正方案，提高方案的针对性。 5. 方案实施 方案实施主要包括方案实施准备、制订实施计划，并对参与人员进行相关培训。 第5条　咨询服务的注意事项 1. 项目工作期间，男士需穿西装，女士需穿套装，不得穿奇装异服。 2. 项目组成员外出时，要向项目经理请示，并保持联系。 3. 与客户交往不能太过随意，言谈举止要文明礼貌，注意保持自己的职业形象。 第6条　本规范未尽事宜参照公司相关规定执行。 第7条　本规范由人力资源部负责起草和修订，经公司总经理审批后生效。			
编制日期		审核日期		批准日期	
修改标记		修改处数		修改日期	

5.3.2　管理咨询顾问培训制度

制度名称	管理咨询顾问培训制度	编　号	
		版　本	
<td colspan="4">第 1 条　目的 为了对本公司内部的咨询人员进行管理与培训，特制定本制度。 第 2 条　适用范围 本制度适用于对本公司内部的管理咨询顾问的培训管理。 第 3 条　培训内容 结合咨询人员的工作，本公司要对其培训，管理咨询顾问的培训主要包括以下几方面的内容。 1. 角色定位 主要从专家角色、助手角色、合作者角色等方面进行培训。 2. 咨询顾问的技能 （1）专业技能 人力资源管理和企业管理相关领域的专业技能。 （2）人际合作技能 主要包括果断、直接面对的能力和善于倾听、为客户排忧解难的能力等。 （3）咨询技巧 讲授咨询工作中需掌握的技巧，让咨询顾问尽快熟练地开展工作。 第 4 条　培训方法 咨询顾问的培训方法应为培训内容服务，在选择培训方法时，必须和学习环境、成本及学习效果相联系。 1. 传统培训方法 传统的培训方法一般是指讲座、在职培训、角色扮演等，又可以分为演示法、传递法等。 （1）演示法 演示法是通过讲座与视听设备传递培训内容，受训者是被动的信息接收者。 （2）传递法 传递法对受训的态度有较高要求，需要受训者积极配合参与，某些方法对于开发特定的技能有积极作用，如在职体验、情景模拟等。 2. 信息技术培训方法 （1）多媒体培训 多媒体培训综合了文本、图表、动画及录像等视听手段，以计算机为基础，受训者可以用互动的方式学习培训内容。这一培训方式极大地提高了受训者的兴趣。 （2）基于移动互联网平台的培训 结合现在的移动互联网技术，通过微信、各种培训类的 App 等平台，让受训者方便学习，从而快速提升其能力。 第 5 条　附则 1. 本制度未尽事宜参照公司相关规定执行。 2. 本制度由人力资源部负责起草和修订，经公司总经理审批后生效。</td>
编制日期		审核日期		批准日期	
修改标记		修改处数		修改日期	

5.3.3 销售顾问考核制度

制度名称	销售顾问考核制度	编 号	
		版 本	

第 1 条　目的
为了规范本公司对销售顾问的考核，提升其工作业绩，特制定本制度。

第 2 条　适用范围
本制度适用于对本公司销售顾问的考核。

第 3 条　考核项目与指标
销售顾问考核的项目主要包括工作能力、工作业绩和工作态度，其中工作能力包括学习能力、沟通能力，工作业绩包括业绩完成率、退单率，工作态度包括纪律性、责任心和配合度，具体内容见下表。

⊙ 考核项目与指标

项目	指标	分值	具体内容	描述	业务主管
工作能力	学习能力	10	—	主动学习，勤于思考和总结过往经验，并能灵活应用到实际工作中（10分）	
				有学习意识，听从上级安排参加咨询培训，基本掌握培训内容（6分）	
				学习意识一般，被动参加培训，不能积极主动理解及应用（2分）	
	沟通能力	10	电话咨询	言语得体，电话记录详细，咨询时长保持在 15 分钟以上，成功预约客户上门率高于 70%（10分）	
				言语清晰，态度温和，咨询时长保持在 10 分钟以上，成功预约客户上门率为 50%~70%（6分）	
				能够使用电话基本礼貌用语，电话记录中只有客户基本信息，成功预约客户上门率低于 50%（2分）	

续表

项目	指标	分值	具体内容	描述	业务主管
工作能力	沟通能力	10	面谈	能做好咨询前的准备工作，能认真倾听，能巧妙解除客户困惑并成功让客户缴纳定金（10分）	
				能参与面谈，能提炼出有用的信息，但参与质量和数量不高，签单成功率一般（6分）	
				对准备面谈有困难，不能很好地倾听，不能准确地分析结果，签单成功率低（2分）	
工作业绩	业绩完成率	40	—	完成率≥90%（35~40分）	
				80%≤完成率<90%（30~35分）	
				50%≤完成率<80%（20~30分）	
	退单率	10	—	退单率≤1%（10分）	
				1%<退单率≤2%（6分）	
				2%<退单率≤3%（2分）	
工作态度	纪律性	10	—	严格遵守公司相关规定，不迟到早退（8~10分）	
				基本遵守公司相关规定，偶尔迟到早退（5~7分）	
				不遵守公司相关规定，经常迟到早退（0~4分）	
	责任心	5	—	积极主动地接受项目任务，尽职尽责，完成满意度高（5分）	
				接受项目任务，能按时完成任务，完成满意度一般（3分）	
				被动接受项目任务，不能团结协作，经常不能按时完成任务（0~2分）	

项目	指标	分值	具体内容	描述	业务主管
工作态度	配合度	5	—	积极主动地配合团队完成相关项目计划，不计较个人得失（5分）	
				没有突出的优点，但基本能与他人配合默契（3分）	
				难以配合他人，对项目计划造成影响（0~2分）	

第4条 考核流程

人力资源咨询服务部经理组织相关人员根据员工实际工作表现，依照设计的考核项目与指标对员工进行考核，并将结果提交至公司人力资源部。

第5条 考核结果运用

考核的结果主要用于员工的奖金发放、薪酬调整、培训、岗位调整等方面。

第6条 附则

1. 本制度未尽事宜参照公司相关规定执行。
2. 本制度由人力资源部负责起草和修订，经公司总经理审批后生效。

编制日期		审核日期		批准日期	
修改标记		修改处数		修改日期	

5.3.4 咨询项目利益分配制度

制度名称	咨询项目利益分配制度	编号	
		版本	

第1条 目的

为了提高本公司项目人员的积极性，并推动规范运作项目，提高项目质量，特制定本制度。

第2条 适用范围

本制度适用于对本公司咨询项目利益分配的管理。

第3条 项目提成管理

1. 项目提成比例

咨询项目有关人员提成比例见下表。

⊙ 提成比例						
项目	提成总计	监理	项目主管	高级顾问	顾问	项目组成员
咨询项目	合同总额−服务费用−监理费	___%	___%	___%	___%	___%

2. 项目提成发放时间

公司按阶段模块收款提取及发放提成，首期发放预收款提成的50%，以后按各阶段回款5∶3∶2发放剩余50%预收款提成。若某一个独立的咨询模块未全部完成，公司将不发放相应提成。

3. 由于项目组成员过失导致项目质量问题而更换项目成员的，该成员不得享受此阶段项目提成，该提成由项目组和接替人员分享。

4. 项目主管负责项目回款，若进度款没有到账，将停止发放该阶段提成。

第4条 项目奖金管理

1. 项目主管可获得项目提成的1%作为项目奖金；为保证咨询项目运作稳定、服务好客户，该奖金将至项目评审后发放。

2. 项目期间提出离职的，将不能获得任何阶段的奖金。

3. 项目奖金由项目主管根据项目组成员对项目的贡献大小进行分配。

4. 对于分阶段的项目，若已经完成特定的产品阶段，可以发放该阶段的奖金。

第5条 附则

1. 本制度未尽事宜参照公司相关规定执行。

2. 本制度由人力资源部负责起草和修订，经公司总经理审批后生效。

编制日期		审核日期		批准日期	
修改标记		修改处数		修改日期	

5.4　人力资源咨询服务业务流程设计

5.4.1　人力资源咨询项目投标流程

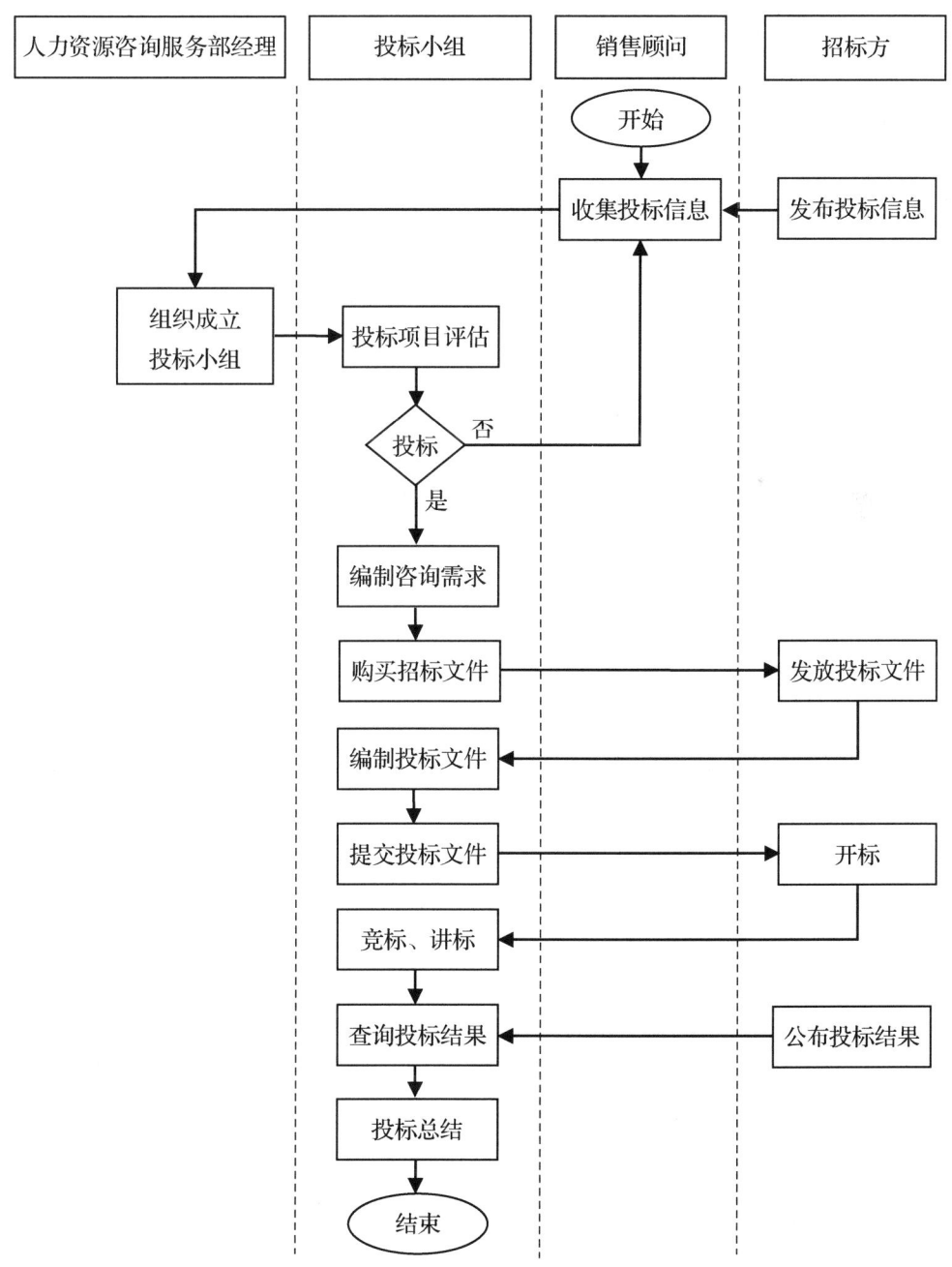

5.4.2 人力资源咨询问题诊断服务流程

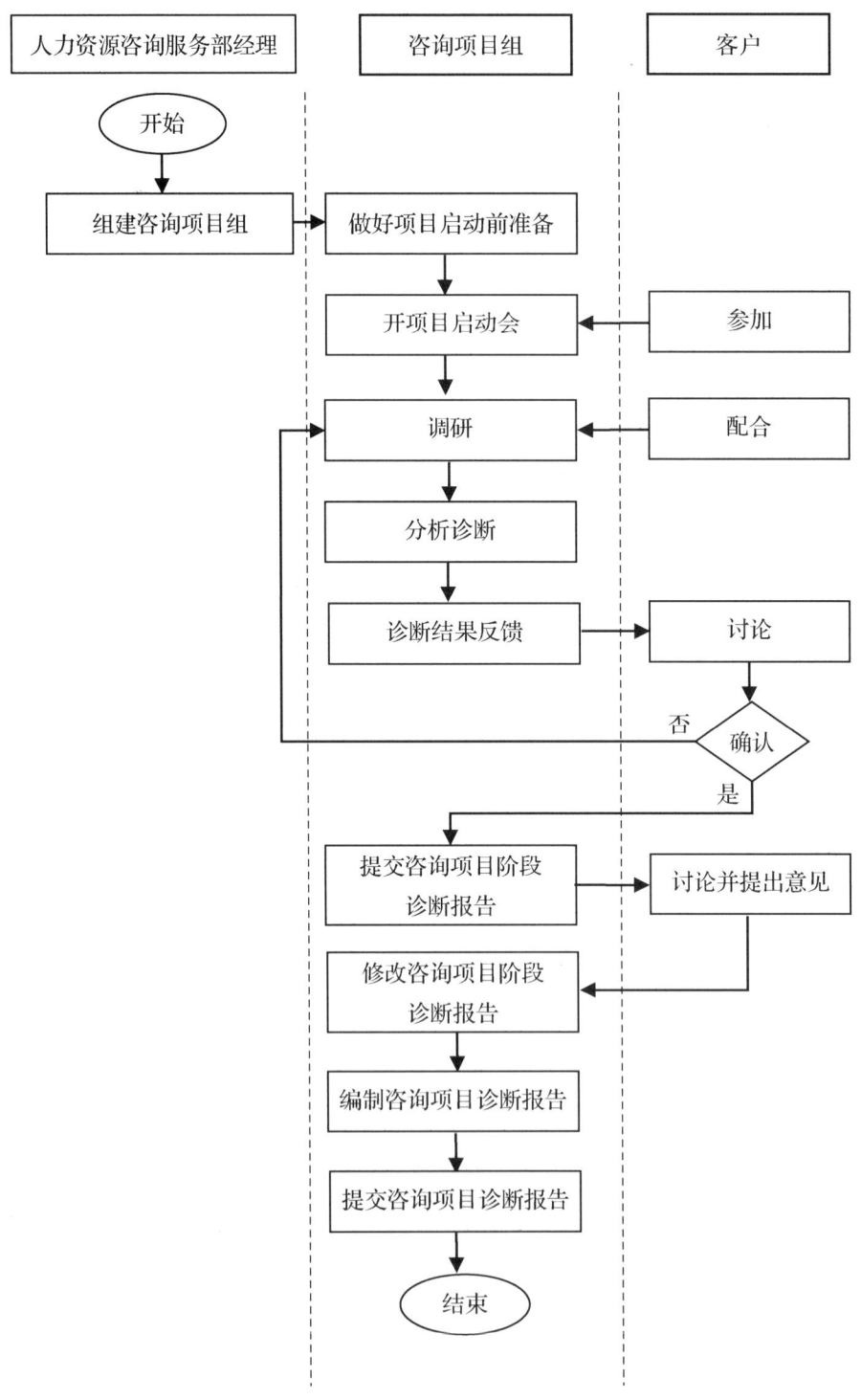

5.5 人力资源咨询服务标准与合同

5.5.1 人力资源咨询服务标准规定

1. 成立条件

《人力资源管理咨询服务规范》规定：从事人力资源管理咨询服务的机构应依法取得法人资格并具有管理咨询相关业务范围；咨询服务机构应有专职的咨询专业人员，包括项目经理、咨询顾问；专业人员应具备人力资源管理、经营管理和相关行业知识，具备沟通能力、统计分析技能、解决问题能力及学习能力，具有客户服务意识和良好的职业道德素养。

2. 服务内容

《人力资源管理咨询服务规范》规定咨询服务主要包括但不限于以下内容。

(1) 人力资源战略规划。

(2) 组织架构与管控模式设计。

(3) 岗位及职位体系设计。

(4) 薪酬福利激励体系设计。

(5) 绩效管理体系设计。

(6) 培养与开发体系设计。

(7) 能力素质模型管理。

(8) 员工关系管理。

(9) 员工职业生涯管理。

(10) 组织变革咨询。

(11) 组织文化咨询。

(12) 并购中的人力资源整合。

(13) 人力资源和社会保障法律法规咨询。

3. 服务流程

《人力资源管理咨询服务规范》规定人力资源管理服务流程为以下内容。

（1）根据客户意向，了解和分析需求。

（2）评估项目可行性。

（3）提交项目建议书。

（4）签订服务合同。

（5）项目启动。

（6）项目调研。

（7）阶段性沟通。

（8）提交咨询解决方案。

（9）辅导方案实施。

（10）项目总结。

（11）项目资料归档。

4. 服务合同

《人力资源管理咨询服务规范》规定咨询服务合同包含以下内容。

（1）服务目标。

（2）服务内容和范围。

（3）服务支付方式。

（4）服务周期和时限。

（5）付款方式。

（6）保密条款。

（7）违约条款。

（8）咨询服务人员的构成和管理体系。

（9）责任条款和保障条款。

（10）投诉处理和外部争端解决方法。

（11）赔偿条款。

5.5.2 人力资源咨询服务注意事项

在人力资源咨询服务项目承接过程中，由于对咨询服务实务认识不清及法律意识淡薄，可能会引发一些纠纷，需要引起人力资源咨询服务机构的注意。

1. 项目可行性评估不科学

咨询服务机构在项目开展前应了解和分析客户的管理理念、客户对自身角色的理解、咨询服务的管理架构等，评估客户开展项目的成熟条件，评价自身对于开展项目的胜任能力，判断提供咨询服务的可能性，避免出现因为信息了解不全及对自身能力把握不准而导致无法履行合同的现象。

2. 咨询合同内容缺乏约束力

咨询服务合同应明确服务目标、服务内容与范围、服务交付方式、服务时限等重要条款，能量化的尽可能量化设定，不能量化的部分则应尽量表述清晰完整，使内容可以界定，以免发生纠纷。

3. 信息保密不到位

人力资源管理咨询服务中，众多服务内容涉及企业商业秘密，如薪酬福利激励体系设计、绩效管理体系设计等内容。咨询服务的周期往往在数天到数月之间，这期间如何在信息有效传递的基础上做到信息保密，是咨询服务机构及客户都面临的重要问题，也是在咨询服务过程中的重要风险控制点。

5.5.3 人力资源咨询服务合同

文书名称	人力资源咨询服务合同	编号	
		版本	

甲方：　　　　　　　　　　乙方：
法定代表人：　　　　　　　法定代表人：
地址：　　　　　　　　　　地址：
联系电话：　　　　　　　　联系电话：
　　双方作为长期的战略合作伙伴，甲方委托乙方为其提供战略及人力资源管理咨询服务，双方经协商一致，达成如下合同。
　　一、服务原则
　　1. 乙方应当遵守诚信原则，勤勉尽责，依法维护甲方的权益。
　　2. 乙方应当依照行业规范和行为准则提供人力资源咨询服务。
　　3. 乙方应当在甲方的授权范围内工作。
　　4. 乙方因特殊事件在服务中力有不足的，应当及时请求甲方提供支持，以便为甲方提供完善和全面的服务。
　　二、服务内容
　　乙方为甲方设计和指导实施人力资源管理系统，具体包括如下内容。
　　1. 人力资源管理现状调查分析
　　通过问卷及访谈等方式对甲方进行现状调研诊断，经系统分析后，形成人力资源管理现状调研分析报告。

……

三、甲方的权利和义务

1. 乙方在现场调研期间，甲方应按乙方要求向乙方提供必要的办公条件（包括适合项目组讨论的会议室和供现场访谈的工作室）、办公设备及其他必备的工作条件。

2. 咨询工作期间，甲方建立领导小组并成立由专门人员组成的工作小组，指定一人专门负责联络协调工作。工作小组应在乙方工作人员指导下全力配合乙方工作，尽可能按期保质完成布置的工作内容。

3. 甲方应提供乙方咨询工作需要的相关信息资料，并积极配合乙方咨询顾问按计划进行培训、讨论等工作。

4. 甲方应承担乙方为完成咨询项目经双方确认的咨询服务费用，并报销约定的其他费用。甲方应按双方商定的时间，及时向乙方支付咨询服务费。

四、乙方的权利和义务

1. 为保证咨询项目工作得以顺利进行，乙方应就本项目成立项目组，项目负责人及项目成员应该经过甲方的认可。

2. 乙方按照协议的要求，根据项目计划保质保量完成服务内容所包含的工作，按时向甲方提交合同要求的各种咨询成果及培训资料。

3. 乙方应及时向甲方通报项目的进展情况，根据甲方对项目执行及提交成果的意见进行及时改进。

五、咨询项目实施进程

（略）

六、服务费用及付款方式、付款时间

1. 项目服务费为＿＿＿＿＿＿元，甲方以分期付款方式支付给乙方，第一次支付合同金额的50%，计＿＿＿＿＿＿元，时间为本合同签订之后5日内；第二次支付合同金额的30%，计＿＿＿＿＿＿元，时间为具体方案通过之后5日内；第三次支付合同金额的20%，计＿＿＿＿＿＿元，时间为整体工作结束之后5日内。

2. 本合同所约定的项目服务费不包括甲方为乙方提供的现场办公设备和场地费用，以及甲方参与人员发生的所有费用。

3. 甲方每次付款，乙方应向甲方提供等额真实合法的服务费发票。

4. 乙方指定的银行账号为：＿＿＿＿＿＿；账户名：＿＿＿＿＿＿；开户行：＿＿＿＿＿＿。

七、保密要求

甲乙双方在履行本合同期间所接触或了解的对方的商务信息及未公开的资讯，在未经对方同意的情况下，负有不向第三方披露的义务（因工作需要必须向第三方及参与工作的员工披露的除外），违者将承担赔偿责任。

八、违约责任及争议处理

1. 甲方若拖欠乙方服务费或其他费用＿＿＿日（含＿＿＿日）以上，除应继续履行支付义务外，还应向乙方按其应付金额的＿＿＿＿＿＿%支付违约金。

2. 甲乙双方应本着诚信合作、互惠互利的态度和原则共同维护本合同的充分执行，不得随意终止。本合同执行过程中发生争议，应协商解决，协商不成，则任何一方均可向所在地劳动争议仲裁委员会申请仲裁。

九、其他

（略）

甲方（盖章）： 负责人（签字）： 签订日期： 年 月 日		乙方（盖章）： 负责人（签字）： 签订日期： 年 月 日	
编制日期		审核日期	批准日期
修改标记		修改处数	修改日期

5.6 人力资源咨询服务常用范本

5.6.1 人力资源咨询项目建议书

文书名称	人力资源咨询项目建议书	编 号	
		版 本	

一、项目背景

1. 公司概况（略）

2. 存在的问题

当前员工的综合素质和技能已无法满足公司发展需要。更重要的是，那些被认为具备发展潜力的员工的流失率远高于其他公司，而公司招聘来的大批新员工往往要经过较长时间才能融入公司。员工对公司缺乏归属感，公司难以形成一支可持续的管理梯队。

为保证公司经营目标的顺利实现，公司需引进先进的、现代化的人力资源管理方法，以解决人才培养困难和人才流失严重的问题。

二、调研分析

本机构接受公司的委托，由咨询顾问和公司人力资源部配合对公司员工进行调研访谈，主要对公司目前的人力资源管理状况进行了解、分析和诊断。

为此，咨询顾问特采用问卷调查和访谈法同公司员工接触，了解他们的想法。

1. 问卷调查

向公司所有新入职员工及入职一年以内的员工发放问卷，通过对回收问卷的分析，得出如下结论：新员工在完成工作任务的同时，需要尽快认可企业文化，建立对公司的归属感。

2. 访谈法

通过访谈法，咨询顾问同公司各部门主管和经理进行了交谈，并写出了详细的访谈记录。

访谈结果包括以下两个方面：

（1）部门经理和主管能够认识到培养员工归属感的重要性和必要性。

（2）新员工缺乏有效的指导，部门经理和主管常常将指导与工作领导、任务分配等内容等同起来。

三、总体结论 综合而言,公司主要是因为缺乏合理的培训机制,难以培养员工的归属感,应让其认同企业文化,主动发挥潜力,以改变现状。 四、咨询建议 在掌握公司存在的问题后,咨询顾问认为公司可以采用导师制的方法对员工进行培训。导师制即挑选公司的资深员工和有丰富经验的主管作为新入职员工的导师,帮助新入职员工解决工作、生活和学习中的问题,以使其更好地融入企业。			
编制日期		审核日期		批准日期	
修改标记		修改处数		修改日期	

5.6.2　管理咨询需求调查报告

文书名称	管理咨询需求调查报告	编　号	
		版　本	
一、公司背景 A公司是一家从事电动车生产及销售的民营企业,凭借独特的企业技术和多年成功的市场开拓经验,该公司的人员规模已由最初的30余人发展到今天的3000余人。随着公司管理规模的不断扩大,生产问题、人员问题等频频出现,公司领导感觉到了管理上的力不从心。 二、调研对象 调研对象为公司所有员工。 三、调研方法 1. 面谈法 选择有代表性的员工进行面对面的交谈,从受访者的表述中发现问题,进而判断公司管理上存在的问题。 2. 问卷调查法 通过对全体员工发放调查问卷,以及对问卷结果的分析,了解员工在工作方面的想法和建议,从而为解决公司存在的问题提供依据。 四、存在的问题 为解决公司管理上的问题,公司特聘请专业咨询机构对公司进行诊断。根据诊断,咨询机构得出"A公司没有建立完善的绩效管理体系,对员工的考核只是一种简单的绩效考核,绩效指标设定与绩效标准设计也没有完善和统一"的结论。 下表是A公司绩效管理现状的概述。			

⊙ A公司绩效管理现状概述		
序号	主要问题	具体说明
1	考评目标单一	原有绩效管理方法对考评目标的认识有偏差，对考评目标的定位过于狭窄；考评工作通常流于形式，考评结果不能被充分利用，从而浪费了公司的人力、物力、财力等资源
2	考评对象单一	原有的绩效管理方法没有因考评对象不同的工作内容和工作性质、不同的考评要求等因素来区分
3	考评指标单一	原有的绩效管理方法没有制定相应的指标与制度，只简单考核员工工作业绩和工作态度，缺乏对员工基本素养和潜力方面的考核
4	考评方法简单	由于考评目标、对象及指标过于单一，绩效考评方法也比较简单，其结果对绩效的可衡量性较差
5	缺乏客观的考评标准	考评指标多为评价性的描述，考评时过多依赖考评者的主观判断
编制日期		审核日期		批准日期	
修改标记		修改处数		修改日期	

5.6.3 人力资源咨询项目实施计划

文书名称	人力资源咨询项目实施计划	编　号	
		版　本	

一、项目背景

B公司是一家集生产与销售于一体的家电设备公司，经营模式以连锁自营店为主，以大型商场和超市为辅，公司现有人员500余人。在所有员工的共同努力下，公司发展迅速，从资产规模到人员规模再到业务范围上均有了新的突破，这些新的发展给公司的管理带来了一定的挑战。

目前，公司面临的最棘手的问题是随着团队不断壮大，人员管理需要加强，公司的薪酬体系也出现了一系列问题。对公司而言，如何采取有效措施解决这些问题，是一项首要和迫切的工作。

二、项目目的

帮助公司建立规范的薪酬管理体系，充分发挥薪酬体系的激励作用，调动员工工作积极性，促进公司持续、稳定、健康发展。

三、存在问题

随着公司销售额的不断上升和人员规模的不断扩大，公司整体管理水平急需提升。为解决存在的问题，公司特聘请专业咨询机构的专家对公司进行诊断，并提出相应的解决方案。

根据诊断，专家发现公司比较突出的问题是薪酬分配方面的问题，主要体现在下表所列的几个方面。

⊙ **薪酬分配问题**

序号	问题	具体说明
1	内部薪酬分配不公平	在人员激增的情况下，公司总经理依然凭自我感觉给下属定薪酬，这显得不客观、不公平
2	加薪无依据	不了解同行业的薪酬水平，无法准确定位薪酬整体水平，缺乏一定的参照标准
3	薪酬结构不合理	固定薪酬比例太大，没有激励作用，不知道固定工资、浮动工资、奖金的比例如何安排
4	薪酬体系不明确	年资工资体系、职能工资体系、职位工资体系混乱，交叉使用
5	薪酬福利统计口径不科学	员工的工资组成包括静态工资和动态工资，人力资源部在统计工资时仅统计了静态工资而没有统计动态工资，导致人工成本很高，却吸引不来人才
6	高层管理人员薪酬与业绩挂钩不紧密	公司高管是企业经营方向的直接引导者和最终决策者，其决策结果、工作状态会对公司的经营发展带来很大的影响，可由于高管薪酬与业绩挂钩不紧密，起不到激励和约束作用
7	股东权益和薪酬分配混在一起	股东权益不属于薪酬范围，两者混为一谈不利于职业化发展
8	短期福利保障手段单一	公司福利保障不够成熟和完善，且手段过于单一，使员工没有归属感

四、实施过程

1. 明确公司薪酬策略（约____个工作日）

根据公司战略发展的要求，确定公司的人力资源战略，进而确定公司的薪酬策略，完善公司的薪酬管理体系。公司确定薪酬策略时一般应注意以下要求。

（1）薪酬水平能够吸引并留住人才。

（2）薪酬能够起到较好的激励作用，提高公司的整体工作效率。

（3）薪酬的投入能够为公司带来更大的收益。

（4）薪酬决策要科学、合理。

2. 进行岗位价值评估（约____个工作日）

因为公司主营业务属于零售业，所以其工作岗位包括商品生产类、商品销售类、商品管理类和职能管理类四种。结合零售业以能力、业绩为主要导向的特点，公司可采用28因素评价法进行工作评价。

3. 划分薪酬档次（约____个工作日）

岗位评估获得的各岗位相对价值的数值并不是各个岗位任职者真正的薪酬额，还需要结合外部市场的薪酬数据，转换成实际的薪酬值，才能确定每个岗位的薪酬水平。

在结合外部数据进行转换前，还要先将岗位评价的分数进行分档，根据分数值差值幅度以及岗位级别的变化，使用分段取点的方法，将其分为五档，这样就确定了薪酬档次。

4. 锁定外部数据（约____个工作日）

该公司属于零售业，拥有多家店面，分布在不同地域。因为不同地域的基本生活费用、地域文化、生活便捷程度等存在一定的差异，所以不同地域应该有不同水平的薪酬。

5. 划分薪酬等级（约____个工作日）

在确定了薪酬档次之后，结合外部的薪酬数据，就可以对薪酬进行等级划分。该公司的薪酬基数经核算应该为____元，将众多类型的岗位薪酬归并组合成若干档次，形成几个薪酬档次系列。通过这一步骤，就可以确定公司内每一岗位具体的薪酬范围，保证员工个人薪酬的公平性。

6. 设计薪酬结构（约____个工作日）

确定了总体薪酬，还需要根据不同的激励需要设定总薪酬中需要包括哪些项目，也就是薪酬的结构。针对零售业来说，可以做以下考虑。

（1）零售业的高管层对公司的整体运营结果负责，因此可以主要采用年薪制，其年薪收入主要包括基本年薪、绩效年薪、年度超额奖金以及福利等。

（2）中层管理人员和一般职能管理类员工的工资可以采用月薪制，主要薪酬项目包括基本工资、绩效工资、福利、年终奖金等。

（3）销售人员的薪酬与销售业绩相对容易挂钩，因此其薪酬项目包括基本工资、销售提成、绩效工资、福利、年终奖金等。

（4）商品生产人员的薪酬可以与其产量挂钩，薪酬构成包括基本工资、计件工资、绩效工资、福利、年终奖金等。

7. 核定薪酬数额（约____个工作日）

在具体的薪酬核定环节也有许多问题需要考虑，如具体每个薪酬项目在整体薪酬中的比例如何设定、奖金是按月发还是按季或按年发等，不同的设计体现的激励方向和力度都不相同。

（1）高层管理人员薪酬核定方法

为体现公平性，高层管理人员的薪酬主要根据各部门在公司发展中承担的责任大小、经营管理难度的不同来确定。

基本年薪属于高层管理人员薪酬的固定部分，为年薪总额的____%，按月计发。

绩效年薪属于高层管理人员薪酬的浮动部分，为年薪总额的____%，年终根据对高层管理人员全年实际经营业绩的考核结果计算，一次性发放。

年度超额奖金是对高层管理人员领导员工超额完成年度经营指标后所进行的奖励，不记入薪酬总额，年初由总经理设定，年末根据实际情况调整确定，一次性发放。

高层管理人员的福利包括各类津贴、补助等。

（2）经营部门人员薪酬核定方法

对于经营部门的人员，主要根据薪级和绩效完成情况来核定薪酬。

例如，经营部门的年度奖金主要根据绩效工资和年度考核的结果来确定，同时也要根据公司当年度的利润增减情况来调节。它是绩效工资的一部分，一般占绩效工资的____%~____%。

（3）职能部门人员薪酬核定方法

职能部门人员薪酬核定的主要依据有以下几点。		
①利用岗位评价的结果，对岗位职级进行划分，确定岗位薪档和薪级。		
②根据级差进行合理调整，做出内部合理的中点薪级，使内部薪酬平衡。		
③根据外部市场价格调整，做出内外部合理的中点薪级，确定职能部门人员的薪级。		
例如，核定人力资源经理的薪酬，要先根据岗位评价结果，找出人力资源经理是属于管理职系的哪一档哪一级，然后核定出该岗位的工资。		
五、项目费用		
1. 费用支付标准		
咨询服务费用一般根据专家的工作时数或工作日来确定，一般为＿＿元/小时或＿＿元/天。		
2. 支付方式		
一般有两种情况。		
（1）以＿＿：＿＿的比例分为两期支付，在项目实施前支付＿＿成，项目结束后支付剩下的＿＿成。		
（2）在项目结束后支付费用。		
编制日期		审核日期		批准日期	
修改标记		修改处数		修改日期	

5.7　人力资源咨询服务商业模式创新

5.7.1　人力资源管理咨询服务+信息化

互联网的发展及各行各业信息化水平的提高带来市场和客户需求的改变，这是人力资源管理咨询服务进行商业模式创新的本质驱动力。在市场经济条件下，绝大多数公司的存在价值就是为了有效地满足客户需求，管理咨询服务公司存在的价值就是为了满足客户解决经营管理问题的需求。根据市场情况，结合自身咨询服务经营范围，对自身商业模式进行创新，引入信息化因素，乃至以信息化引导人力资源管理咨询服务的开展，已经成为众多人力资源咨询服务机构目前发展的重点工作内容。

5.7.2　人力资源管理咨询服务+互联网平台

互联网由最初的社交工具发展成为交易平台，继而互联网作为云端、大数据、云计算等基础设施，打破传统世界信息与数据在时间、地域、空间上的传播局限，实现了信息与数据的透明化，使人类可以对互联网产生的大数据进行有效的整合利用。这一次次突破性的发展，对于各行业各企业来说都是危机与机遇并存。在进行人力资源咨询服务过程中合理运用互联网，调整经营过程中的关键资源及关键流程，不论是利用大数据强大的数据抓取及分析能力，还是运用互联网高效率的信息传播渠道，都是能让咨询业务展现出新生机的不错方式。

5.7.3　人力资源管理咨询服务+软件+外部服务整合

人力资源管理咨询的最终目的是使企业的人力资源管理能够充分配合企业的发展战略。如何解决企业发展中存在的人力资源管理相关问题，除了提供专业知识及经验支持，量体裁衣为企业制定切合实际的方案并帮助实施外，也可考虑根据企业目前状况进行人力资源管理信息化体系搭建工作，以及提供企业人力资源管理专业软件的开发和设计工作。例如，在有需要的情况下，可针对性地对企业的各项辅助业务进行评估，提供人力资源业务外包服务。

第6章 劳务派遣服务

6.1 劳务派遣服务的业务类型

6.1.1 完全派遣

完全派遣是指由劳务派遣机构负责整套员工派遣管理服务工作，包括人员招聘、选拔、培训、绩效评价、报酬和福利、安全和健康等。

在完全派遣的模式下，企业只需将用人的条件向劳务派遣机构提出来即可，具体的招聘、管理和培训工作将由劳务派遣机构负责完成。劳务派遣机构利用自己在劳动力市场中积累的资源，以及人力资源专业化管理的优势，使用工单位从烦琐的劳动人事工作中解脱出来，在降低用工单位管理成本的同时，使用工单位更专注于核心业务，提高用工单位的效率，因此完全派遣的需求越来越大。

1. 完全派遣的积极意义

完全派遣中劳务派遣机构承担一条龙服务，包括人员招聘、选拔、培训、绩效考核等，可保证派遣人员的质量，避免人员素质参差不齐，方便用工单位和劳务派遣机构的管理。

2. 完全派遣服务的风险

（1）完全派遣中劳务派遣机构管理服务的工作量大，自然要面临和承担更多的风险，如法律风险、管理风险、财务风险、经营风险等。

（2）完全派遣中劳务派遣机构要承担的成本较高，面临收益风险。

6.1.2 转移派遣

转移派遣是指由用工单位自行招聘、选拔、培训应聘人员，再由劳务派遣机构与应聘员工签订劳动合同，并由劳务派遣机构负责这些员工的报酬、福利、绩效评估、劳动纠纷处理等事务。

1. 转移派遣的适用情况

当用工单位面临兼并或重组产生大量人员岗位变动、调动的情况时，可以通过转移派遣将这些员工的劳动关系转移给劳务派遣机构，由劳务派遣机构与这些员工签订劳动合同，用工单位再将这些人员作为劳务工使用，以此帮助用工单位更加方便灵活地进行员工岗位调整。

2. 转移派遣的积极意义

（1）转移派遣减轻了劳务派遣机构的工作量，劳务派遣机构只需对派遣人员的劳动关系进行管理，免去了前期的招聘、面试、培训等流程。

（2）转移派遣降低了劳务派遣机构招聘、培训的费用和时间成本，劳务派遣人员全部来自用工单位，劳务派遣机构不需要发布招聘广告，也不需要进行员工培训。

（3）转移派遣可以消除劳务派遣机构派遣人员的录用风险，避免了来自用工单位招聘需求的压力，解决了人员的到岗率、及时率等一系列问题。

3. 转移派遣的风险

用工单位使用转移派遣的目的如果只是为了大量裁员以此降低用工成本和风险，就会导致劳务派遣机构在协议中承担各种不规范操作导致的风险，用工单位如果随意裁员退员，则还存在产生大量纠纷的可能。

6.1.3 短期派遣

短期派遣是指劳务派遣机构为用工单位临时需要一名或数名员工而提供的一种派遣服务，是人力资源外包服务的一种形式，这些派遣员工与劳务派遣机构签订劳动合同。

1. 短期派遣的适用情况

一般来讲，短期派遣的形式主要包括如下图所示的两种。

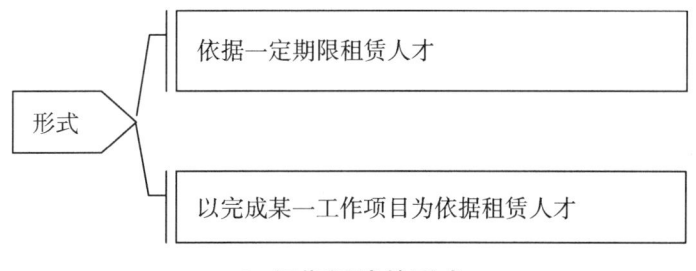

⊙ **短期派遣的形式**

对于一些企业来讲，一年当中某些时段对人才的需求高于平时，如业务部门因公司扩大宣传需要适时补充人员来满足业务需求，此时，采取短期派遣的方式便可为企业在人力资源上省去一些成本。

此外，短期派遣员工可以取代那些因病假、事假、产假、休假等诸多原因而不能正常上岗的企业员工。

2．短期派遣的积极意义

（1）相比传统单一的雇用方式，短期派遣要更加方便灵活，因此成为不少用工单位弥补暂时性人员短缺的最佳方式，同时，劳务派遣机构提供短期派遣服务可以获得较大的收益。

（2）短期派遣为劳务派遣机构安置其他用工单位退回的派遣员工提供了一条良好的解决途径。

（3）短期派遣一定程度上分散了劳务派遣机构安置其他用工单位退回的派遣员工所带来的风险。

3．短期派遣的风险

（1）短期派遣虽然对用工单位、提供派遣的劳务派遣机构、派遣员工本身来说都有一定的好处，但同时也存在不稳定、大量退回等风险。

（2）短期派遣大量安置用工单位退回的派遣员工，不仅会增加安置成本，还存在产生大量纠纷的可能。

（3）大量的短期派遣员工对派遣服务质量是很大的考验。

6.1.4 减员派遣

减员派遣是指员工原劳动关系在用工单位，经用工单位和劳务派遣机构协商，先将员工与用工单位的劳动关系解除，再由员工与劳动派遣机构重新建立新的劳动关系，员工依旧在用工单位工作。

6.1.5 项目派遣

项目派遣是指根据用工单位的需求，以项目运作的方式派遣专业人才为用工单位提供阶段性的项目服务。项目完成后，派遣即告结束。

6.1.6 晚间派遣

晚间派遣是指劳务派遣机构为了满足用工单位利用晚上这一特定时间获得急需人

才的需求而提供的一种服务。

6.1.7 钟点派遣

钟点派遣是指劳务派遣机构以每小时为基本计价单位派遣特定人员到用工单位去工作。

很多行业都有钟点工需求，而为了更合理地节省成本，用工单位会选择钟点派遣这一方式来满足自身的用工需求。

6.1.8 双休日派遣

双休日派遣是指劳务派遣机构针对用工单位的某些需求而提供的一种服务，即劳务派遣机构以周六、周日为基本计价单位派遣人员到用工单位去工作，是针对用工单位的特定需求而提供的一种服务。

6.2 劳务派遣服务机构岗位设计与岗位说明

6.2.1 劳务派遣服务机构组织架构

下图是劳务派遣服务机构的组织架构示例，供参考。

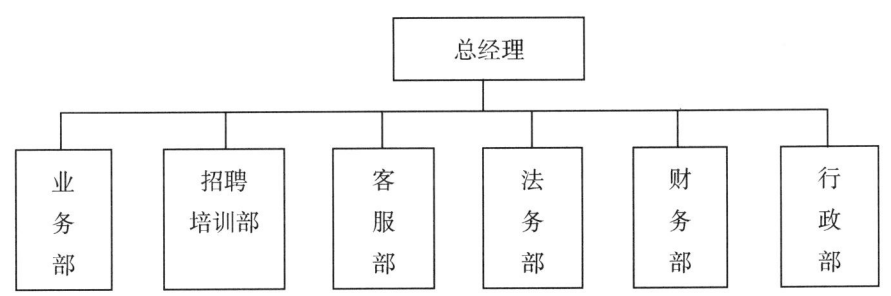

⊙ 劳务派遣服务机构组织架构示例

企业的组织架构是依据企业的规模、经营的项目、业务关系确定的。企业组织架构清晰，可以使各部门工作职责明确，工作目标性强。在此基础上，还需界定各部门的职责。下表是劳务派遣机构针对其主要部门设定的职责示例。

⊙ 劳务派遣机构各部门主要职责示例

部门	部门职责
业务部	1. 负责联系用工单位并就单位所需人员情况进行洽谈 2. 负责与用工单位相关协议的拟订 3. 负责审核用工单位的资质与合法性 4. 负责本部门的月、季、年度工作计划的拟订，以及对计划的执行情况进行检查 5. 负责派遣人员相关手续的办理和福利待遇的确定 6. 负责劳务派遣、业务外包、人事代理客户基本资料建档及分级管理，并定时回访与调研
招聘培训部	1. 负责编制人员招聘计划 2. 负责起草招聘信息，并通过各种渠道发布招聘信息 3. 加强与现有用工单位的联系，巩固和拓展合作关系 4. 负责收集应聘人员简历并予以存档，建立人才信息库，实施人才的储备管理，以便及时向用工单位提供所需人才 5. 根据用工单位员工培训需求的调查和分析，制订相关的员工培训计划 6. 多方面收集和整理相关资料，开发培训课程 7. 维护培训秩序，及时解决培训中出现的各种问题，并针对培训的效果提出相应的改进措施
客服部	1. 通过员工沟通渠道与平台，与派遣人员保持良好沟通关系，及时解决他们的各种问题，并准确了解和记录他们的工作状况 2. 负责建立劳动合同台账，协助编制劳务合同及相关工作协议，协助办理派遣人员合同的签订、变更、续签和解除工作 3. 负责调查核实派遣人员档案的完整性和真实性，认真做好派遣人员档案的备份、存档和保管工作 4. 负责受理各类劳动纠纷或员工投诉，做好记录工作，并及时上报上级主管，协助进行调查、取证和解决工作
法务部	1. 预防和控制企业经营风险，建立和完善公司法务工作的管理制度 2. 负责处理与企业相关的各项法律事务，为企业各职能部门提供法律咨询服务 3. 负责起草、审查企业规章制度和参与企业重大经营决策等，维护企业的合法权益并保证企业决策的合法性 4. 按照国家有关法律法规对企业拟订的各类合同进行审查
财务部	1. 负责建立企业的会计核算体系，拟订财务管理办法及流程 2. 负责总经理所需的财务数据资料的整理编报，为上级提供经营决策的财务依据 3. 负责财务档案的管理、借阅、保密和保存工作 4. 负责企业各类日记账、分类账、总账的编制 5. 负责企业的会计材料、会计报表的汇总、综合分析工作，针对总体财务收支提出有效的资金管理建议

续表

部门	部门职责
行政部	1. 负责制定企业办公、行政、总务等行政管理相关制度规范和行政管理年度、季度、月度计划 2. 组织筹备和安排企业会议，对会议安排的执行情况进行催办和检查 3. 负责安排领导或员工的出差、商务旅行事宜，督促相关人员做好机票、火车票、酒店等的预订工作 4. 负责协助组织、实施重要客户接待和重大事件的公关事务，以及处理公司对外日常公关事务和日常客户接待 5. 负责采购和配置企业公共设施和设备，指导维修人员对企业公共设施、设备进行维修、保养 6. 负责企业内外部各类文件的核对、下发与传达，认真做好各类文件资料的整理、编号和归档及文件的打印、复印与装订工作

6.2.2 招聘专员岗位说明书

岗位名称		招聘专员	职位编号	
部门		招聘培训部	直接主管	招聘培训部主管
岗位概述		拓展招聘渠道，确保招聘渠道能有效满足公司的用人需求		
岗位职责	职责一	负责对客户开展人才需求和供给调查，综合考虑各方面因素，编制人才招聘计划		
	职责二	起草并发布招聘信息		
	职责三	负责进行应聘简历的统计、甄别，安排招聘面试		
	职责四	加强与现有招聘渠道的联系，巩固和拓展合作关系		
	职责五	负责寻求与其他招聘渠道的合作，根据人才需求特点对招聘渠道进行选择与开发		
	职责六	负责收集应聘人员简历并存档，协助招聘主管建立人才信息库，实施人才储备管理		
	职责七	核算人才招聘成本，积极提出成本控制建议		
任职条件	知识与技能	工商管理、人力资源管理、心理学等专业本科及以上学历		
		熟悉劳务派遣方面的法律规定和各种手续的办理，熟练使用Word、Excel、PPT等各种常用办公软件		
	工作经验	工作认真负责，具备较强的服务意识和团队合作意识		
		1年以上相关工作经验		

6.2.3　岗前培训专员岗位说明书

岗位名称		岗前培训专员	职位编号	
部　　门		招聘培训部	直接主管	招聘培训部主管
岗位概述		负责公司员工岗前培训工作的准备及开展		
岗位职责	职责一	负责培训需求的调查和分析，制定年度、季度和月度培训计划		
	职责二	负责多方面收集和整理相关资料，为培训课程开发人员的课程开发提供参考		
	职责三	负责根据培训计划确定培训的时间、地点、内容及方式等		
	职责四	维护培训秩序，及时解决培训中出现的各种问题，积极配合培训师开展相应培训工作		
	职责五	负责记录和收集培训相关资料，协助开展培训效果评估工作		
	职责六	收集和整理相关培训资料，妥善存档保管		
任职条件	知识与技能	人力资源管理、工商管理、心理学等专业本科及以上学历		
		熟悉劳务派遣机构的培训组织作业流程及岗位培训流程		
		工作认真、积极，具备良好的人际沟通及应变能力		
	工作经验	1年以上相关工作经验		

6.2.4　劳资管理专员岗位说明书

岗位名称		劳资管理专员	职位编号	
部　　门		行政部	直接主管	行政部主管
岗位概述		负责公司人力资源管理相关具体工作		
岗位职责	职责一	执行人力资源管理各项规章制度，配合其他业务部门工作		
	职责二	根据考核情况提出员工奖惩建议		
	职责三	负责协调员工关系，解决劳动纠纷		
	职责四	负责公司人力资源管理信息的上传下达工作		
	职责五	建立、维护劳务派遣档案，办理劳动合同签订、变更、解除等事宜		
任职条件	知识与技能	人力资源管理相关专业大专及以上学历		
		熟悉劳动人事法规政策和人力资源管理各项实务的操作流程		
		工作细心，责任心强，具备较强的沟通、协调能力		
	工作经验	1年以上同岗位工作经验		

6.2.5　客服专员岗位说明书

岗位名称		客服专员	职位编号	
部　　门		客服部	直接主管	客服部主管
岗位概述		负责公司与用工单位的关系维护，挖掘客户潜在需求		
岗位职责	职责一	受理客户的咨询		
	职责二	依据客户月度人员增减情况及时办理社保、公积金的人员增减申报		
	职责三	审阅、审核有关劳动合同、劳务合同文档，及时进行数据更新		
	职责四	负责与用工单位有关协议的签订、解除和终止等业务的办理		
	职责五	负责劳务派遣人员的来访及相关的纠纷处理		
任职条件	知识与技能	工商管理、人力资源管理、心理学等专业大专以上学历		
		了解人力资源和社会保障基本知识，熟悉公司的各项管理制度和流程		
		熟练使用Word、Excel、PPT等各种常用办公软件		
	工作经验	1年以上同岗位工作经验		

6.2.6　业务经理岗位说明书

岗位名称		业务经理	职位编号	
部　　门		业务部	直接主管	总经理
岗位概述		负责本部门的工作管理，对公司下达的目标、任务的完成负有全面责任		
岗位职责	职责一	负责本部门年度、季度、月度计划的制定，并监督计划的执行情况		
	职责二	负责对用工单位进行全方位考察，并写出可行性报告，以书面形式呈报公司总经理		
	职责三	拟订与用工单位的合作协议		
	职责四	负责协调解决用工单位与派遣员工之间的重大问题		
	职责五	负责本部门人员的招聘与配置，并安排相应的培训		
	职责六	负责与各部门之间的协调工作以及各部门之间的交叉业务安排		
任职条件	知识与技能	人力资源管理、市场营销、工商管理等专业本科及以上学历		
		熟悉劳动人事政策法规，熟悉劳务派遣市场运作		
		具备敏锐的市场洞察力、敏捷的思维能力及团队管理能力		
	工作经验	3年以上劳务派遣、人事外包等行业工作经验		

6.3 劳务派遣服务业务制度设计

6.3.1 劳务派遣机构员工管理制度

制度名称	劳务派遣机构员工管理制度	编　号	
		版　本	

第1章　总则

第1条　为加强公司的规范化管理，防范劳动用工法律风险，给用工单位提供优质、高效的人力资源专业服务，维护用工单位、派遣员工和公司三方利益，根据《劳动法》及其相关法规、规章的规定，结合本公司的实际情况，特制定本制度。

第2条　本制度适用于与公司签订劳动合同的派遣员工。

第3条　公司、用工单位和派遣员工必须遵守国家法律、法规，遵守劳动合同和劳务派遣协议的约定。派遣员工应遵守公司及用工单位的劳动纪律和各项规章制度，认真履行工作职责。

第4条　公司对劳务派遣工作管理的基本原则：依法合规、分工协作、总量控制、统一管理。用工单位对派遣员工管理的基本原则：按需定编、依岗派遣。用工单位对派遣员工管理的基本内容：工作管理、绩效管理。

第2章　招聘方式

第5条　一般情况下，用工单位自行负责招聘及面试，确定符合条件的派遣员工后，向公司提交派遣员工名单，由公司办理派遣相关手续。

第6条　如用工单位需要，可书面委托公司进行招聘，原则上用工单位必须派人参加面试初审，面试合格后，由用工单位确定录用派遣员工名单，公司办理派遣手续。

第7条　如用工单位全权委托公司进行派遣员工招聘，将参照第6条的办法执行，如遇员工短缺，应提前七个工作日向公司提出书面申请，并支付相应的服务费用。

第3章　劳动合同

第8条　由公司与派遣员工签订劳动合同，劳动合同期限不得低于两年。

第9条　经用工单位书面要求，派遣员工与公司劳动合同期满需要续签劳动合同时，须经公司与派遣员工协商确定。

第10条　经公司与派遣员工双方协商一致，可以解除劳动合同。劳动合同的解除条件、程序，按照法律法规规定以及派遣员工与公司签订的劳动合同约定执行。

第11条　派遣员工辞职或被公司解聘，应按规定办理档案、办公、财物、技术资料的清理交接手续，并有义务保守公司及用工单位的商业秘密。

第12条　劳动合同终止的法定条件出现时，派遣员工与公司签订的劳动合同依法终止。

第4章　日常管理和劳动纪律

第13条　公司进行劳务派遣时应签订劳务派遣协议。协议中主要包括以下内容。

1. 劳务派遣员工的条件、数量。

2. 工作岗位或项目内容。
3. 劳动报酬、支付标准和方法。
4. 劳务派遣员工的劳动保护。
5. 双方认为需要约定明确的其他事项。

第 14 条　若派遣员工不适应工作，应提前三十日以书面形式通知公司，可以解除劳动合同。若派遣员工在试用期内，须提前三日通知公司，可以解除劳动合同。

第 15 条　派遣员工在用工单位工作期间，必须遵守法律法规及用工单位依法制定的各项规章制度，服从用工单位的指挥、管理和调度。

第 16 条　用工单位负责派遣员工的岗前培训和入职安全教育培训，经用工单位考核合格并取得上岗资格后正式上岗。

第 17 条　用工单位应依法保障派遣员工职业安全卫生权益，严格执行国家劳动安全卫生规程和标准，对派遣员工进行劳动安全卫生教育，为派遣员工提供符合国家规定的劳动安全卫生条件和必要的劳动防护用品，防止劳动过程中的事故，减少职业危害。

第 18 条　派遣员工享有与用工单位的劳动者同工同保护的权利，应在劳动条件、强度、工时等方面与用工单位同岗位职工相同对待，用工单位不得向派遣员工收取押金，不得私自扣留派遣员工的身份证件。

第 19 条　派遣员工因病无法正常工作时，按照国家相关法律法规的规定处理。

第 20 条　派遣员工不得以任何理由让他人代替本人上岗。若发现代岗行为，公司可以严重违反规章制度与派遣员工解除劳动合同。

第 21 条　派遣员工不符合用工单位的岗位要求，或者严重违反用工单位的规章制度，或者违规操作，由公司核实后，可对派遣员工进行处理。

第 5 章　培训考核

第 22 条　用工单位根据各岗位的需要对派遣员工进行有针对性的相关业务培训，如需公司协助，用人单位应提出书面申请。

第 23 条　用工单位应根据派遣员工在单位的实际情况制定相关考核标准及考核办法。

第 24 条　用工单位为派遣员工提供专项培训费用对其进行专业技术培训的，可与派遣员工订立协议，约定服务期，有关权利与义务及违约责任按相关法律法规和协议约定执行。

第 25 条　用工单位可与派遣员工签订保密协议，有关保密协议的内容、赔偿、违约责任按相关法律法规及协议约定条款执行。

第 6 章　劳动报酬

第 26 条　派遣员工享有与用工单位的劳动者同工同酬的权利。用工单位应当按照同工同酬原则，对派遣员工与本单位同类岗位的劳动者实行相同的劳动报酬分配办法。用工单位无同类岗位劳动者的，参照用工单位所在地相同或者相近岗位劳动者的劳动报酬确定。

第 27 条　派遣员工工资的支付办法：根据劳务派遣协议的约定，用工单位按月考核派遣员工工作，确定派遣员工应发放的工资总额，公司扣除代缴的派遣员工本人应交的养老、医疗、工伤、生育、失业等保险费用，以及住房公积金、个人所得税后，确定实发金额，于次月的＿＿＿日之前发放，如遇节假日则提前至最近的一个工作日发放。

第 7 章　社会保险

第 28 条　用工单位应当按照社会保险经办机构规定，按月为派遣员工支付法定社会保险参保费用，由公司负责及时办理参保手续和缴纳相关费用。社会保险缴纳基数由用工单位按照劳务派遣协议约定在劳务派遣协议书中列明,按当地社会保险经办机构规定执行。

第 29 条 派遣员工如有生育、工伤和医疗等情况发生,应及时通知并提供相关材料给用工单位,由用工单位统一转交公司办理相关手续,按照国家相关法律法规享受待遇。

第 30 条 派遣员工派遣期届满后,社会保险关系的转移等手续由公司负责办理。

第 8 章 工作时间和休息休假

第 31 条 派遣员工在用工单位工作期间,执行用工单位依法制定的工时工作制度。

第 32 条 派遣员工有岗位变动的,按用工单位新岗位的工时工作制度执行。

第 33 条 实行标准工时工作制度的用工单位安排派遣员工延长工作时间,应按《劳动法》及《劳动合同法》的相关规定执行。

第 34 条 派遣员工在用工单位工作期间的休息休假按照国家和用工单位的有关规定执行。

第 9 章 附则

第 35 条 其他未尽事宜将另行规定。

第 36 条 本管理制度自下发之日起实施。

编制日期		审核日期		批准日期	
修改标记		修改处数		修改日期	

6.3.2 劳务派遣机构薪酬管理制度

制度名称	劳务派遣机构薪酬管理制度	编　号	
		版　本	

第 1 条 目的

为进一步完善公司的薪酬制度,充分调动员工的工作积极性,结合劳务派遣机构的业务特点,特制定本制度。

第 2 条 适用范围

本制度适用于本公司员工的薪酬管理工作。

第 3 条 薪酬模式

本公司实行年薪制和月薪制两种薪酬模式。

第 4 条 年薪制

1. 适用范围

公司总经理等高层管理人员。

2. 年薪构成

年薪=基薪+效益年薪。

3. 发放

(1) 基薪按月预发,每月发放年基薪额的 1/12。

(2) 效益年薪根据年度考核结果于每年____月____日发放,其发放标准见下表。

⊙ 效益年薪发放标准

考核等级	A	B	C
绩效目标完成情况	超额完成	完成绩效目标的____%	完成绩效目标的____%
效益年薪标准	_____万元	_____万元	_____万元

第5条　月薪制
1. 适用范围
与本公司签订劳动合同的员工。
2. 工资构成
工资构成＝基础工资＋岗位工资＋绩效工资＋工龄工资＋奖金。
（1）基础工资
基础工资参照当地生活水平、最低生活标准等因素确定。
（2）岗位工资
根据所在岗位的职责、专业技能、工作要求等确定。
（3）绩效工资
根据员工工作任务完成、职责履行情况的考核成绩确定。
（4）工龄工资
员工在本公司工作满一年后按____元/月的标准计发，用于鼓励员工长期、稳定地为本公司工作。
（5）奖金
本公司为员工设立的奖金项目有以下五项：全勤奖、绩效奖、创新奖、优秀员工奖。各奖金项目的执行标准见下表。

⊙ 奖金项目一览表

奖金项目	奖励目的	奖金数额	执行周期
全勤奖	激励员工出全勤，减少请假	200元	月度
绩效奖	激励员工努力工作	根据薪酬制度确定	按绩效管理制度确定
创新奖	激励员工创造新技术、新工艺、新办法	按创新产值确定	年度
优秀员工奖	激励员工努力工作	_____元/人	每年12月份
奖励	每年度		

全勤奖及绩效奖以转账的形式每月随员工工资发放。其他奖金均以现金的形式，于评定结束后发放。

第6条　薪酬调整
公司鼓励员工积极晋升专业技术职称，多做贡献。员工工作表现突出者，经公司总经理批准后予以晋级调薪或奖励。

1. 被评定为优秀管理者、优秀员工的，给予工资调级奖励。
2. 对违反公司的规章制度、给公司造成不良影响但尚不构成辞退处理的员工，给予调降工资处理。

第 7 条　薪酬发放

员工月工资于次月____日发放，如遇节假日则提前至节假日前的一个工作日发放。

第 8 条　附则

本制度自公司总经理批准签发之日起执行。

编制日期		审核日期		批准日期	
修改标记		修改处数		修改日期	

6.3.3　派遣员工退回受理服务制度

制度名称	派遣员工退回受理服务制度	编制部门	
		执行部门	

第 1 条　目的

为规范本公司员工被用工单位退回的受理、赔偿及后续处理工作，明确本公司、用工单位、派遣员工应承担的责任及义务，建立良好、有序、规范的劳务派遣合作关系，参照有关法律法规内容，特制定本制度。

第 2 条　适用范围

本规范适用于派遣员工的退回管理。

第 3 条　用工单位将存在如下情形的派遣员工退回本公司时，派遣事业部应安排专人进行事实的调查与验证，在证据确凿的情况下在五个工作日内办理好退回手续，且不得向用工单位要求经济补偿。

1. 派遣员工在试用期内被证明不符合录用条件的。
2. 派遣员工严重违反用工单位的规章制度和劳动纪律的。
3. 派遣员工严重失职、营私舞弊，给用工单位的利益造成重大损害的。
4. 派遣员工与第三方建立劳动关系，对用工单位的工作造成严重影响，或经用工单位提出拒不改正的。
5. 派遣员工被司法机关依法追究刑事责任的。
6. 派遣员工以欺诈或胁迫的手段，致使本公司在违背真实意思的情况下订立或变更劳动合同的。
7. 其他符合政策规定的情形。

第 4 条　用工单位将有下列情形之一的派遣员工退回本公司时，派遣事业部应要求其提前 40 日提交书面的"派遣员工退回通知单"，并向本公司支付经济补偿，否则不予办理退回。具体经济补偿标准参照双方签订的劳务派遣协议。

1. 派遣员工因病或非因工负伤的医疗期满后，不能从事原工作，也不能从事用工单位另行安排的工作的。

2. 用工单位提供的证据证明派遣员工不能胜任派遣岗位工作，且经用工单位调岗或培训后仍不能胜任工作的。

3. 经本公司、用工单位和派遣员工协商，达成书面协议同意解除派遣的。

4. 劳务派遣协议订立时所依据的客观情况发生重大变化，致使劳务派遣协议无法履行，经本公司、用工单位、派遣员工协商，未能就变更劳务派遣协议内容达成协议的。

5. 用工单位依照企业破产法规定进行重整的。

6. 用工单位生产经营发生严重困难的。

7. 用工单位转产、重大技术革新或者经营方式调整，经变更劳务派遣协议后，仍需裁减人员的。

8. 用工单位被依法宣告破产、吊销营业执照、责令关闭、撤销、决定提前解散或者经营期限届满不再继续经营的。

9. 其他因劳务派遣协议订立时所依据的客观经济情况发生重大变化，致使劳务派遣协议无法履行的。

10. 派遣员工的派遣期限届满而终止派遣的。

第 5 条　派遣员工有以下情形之一时，在派遣期限届满前，用工单位提出退回的，派遣事业部不予受理。派遣期限届满的延续至相应情形消失时，派遣事业部方可受理退回。

1. 从事接触职业病危害作业的派遣员工未进行离岗前职业健康检查，或者疑似职业病病人在诊断或者医学观察期间的。

2. 在用工单位患职业病或者因工负伤并被确认丧失或者部分丧失劳动能力的。

3. 患病或者非因工负伤，在规定的医疗期内的。

4. 女职工在孕期、产期、哺乳期的。

5. 在本公司连续工作满十五年，且距法定退休年龄不足五年的。

6. 法律、行政法规规定的其他情形。

第 6 条　退回后处理规定

1. 派遣员工退回后在无工作期间，本公司应按照不低于所在地人民政府规定的最低工资标准，向其按月支付报酬。

2. 跨地区劳务派遣被退回需转移社保关系的，派遣事业部应及时通知社会保险部为退回员工办理社保转移手续。

3. 派遣事业部应及时与人才推荐部做好退回员工的工作交接及再派遣工作安排。

4. 派遣员工因本规范第 4 条第 4~10 项规定被用工单位退回，人才推荐部重新派遣时维持或提高劳动合同约定条件，派遣员工不同意的，本公司可以与其解除劳动合同。

5. 派遣员工因本规范第 4 条第 4~10 项规定被用工单位退回，人才推荐部重新派遣时降低劳动合同约定条件，派遣员工不同意的，本公司不得与其解除劳动合同。但派遣员工提出解除劳动合同的除外。

第 7 条　退休退回规定

用工单位可将达到法定退休年龄或已经开始享受基本养老保险待遇的派遣员工退回本公司，派遣事业部应予以受理。

第 8 条　退回责任追究

1. 用工单位违反本规范退回派遣员工，给派遣员工造成伤害的，派遣事业部需与用工单位协商，要求其承担连带赔偿责任；协商不成的，可酌情申请仲裁或诉讼。

2. 因派遣员工自身因素（如不服从用工单位管理，违反用工单位规章制度等）被用工单位退回的，本公司保留对其追究的权利，情节严重的本公司有权与其解除劳动合同。

第 9 条　本制度未尽事宜按照国家相关规定执行。在执行过程中如发生异议，任何一方都可向企业调解委员会申请调解，也可直接向劳动争议仲裁机构申请仲裁或者向法院申请诉讼。

第 10 条　本制度自____年__月__日起施行。

编制日期		审核日期		批准日期	
修订标记		修订处数		修订日期	

6.4 劳务派遣服务业务流程设计

6.4.1 劳务派遣服务流程

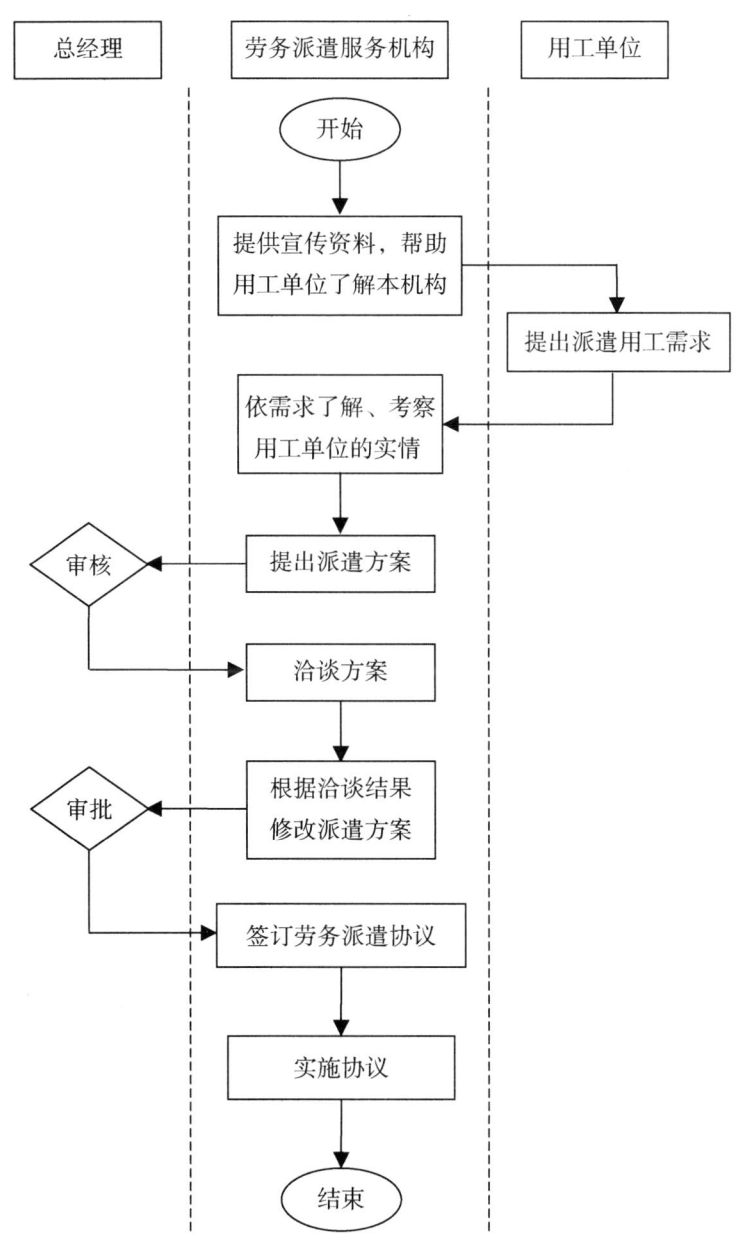

6.4.2 劳务派遣机构招聘流程

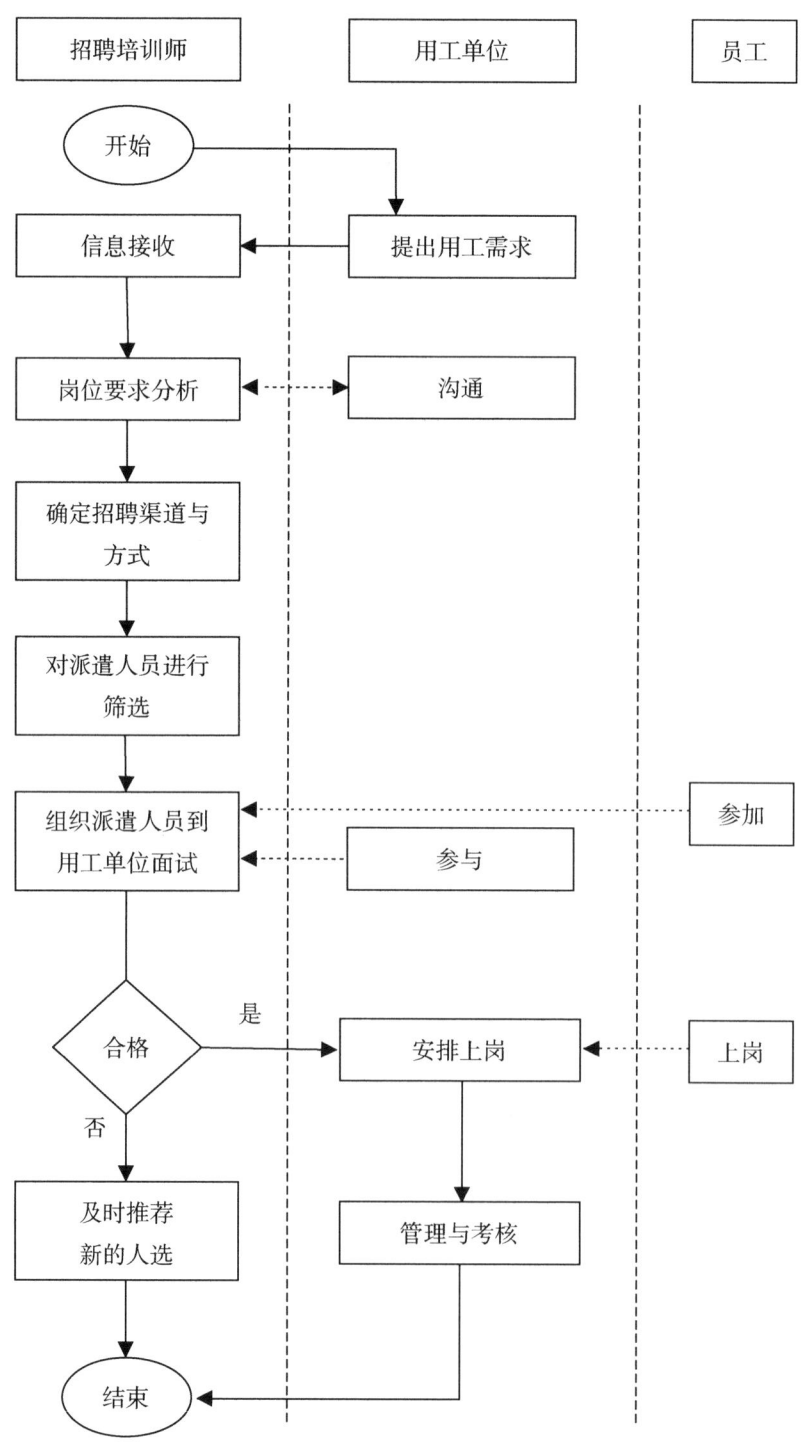

6.4.3 劳务派遣合同终止流程

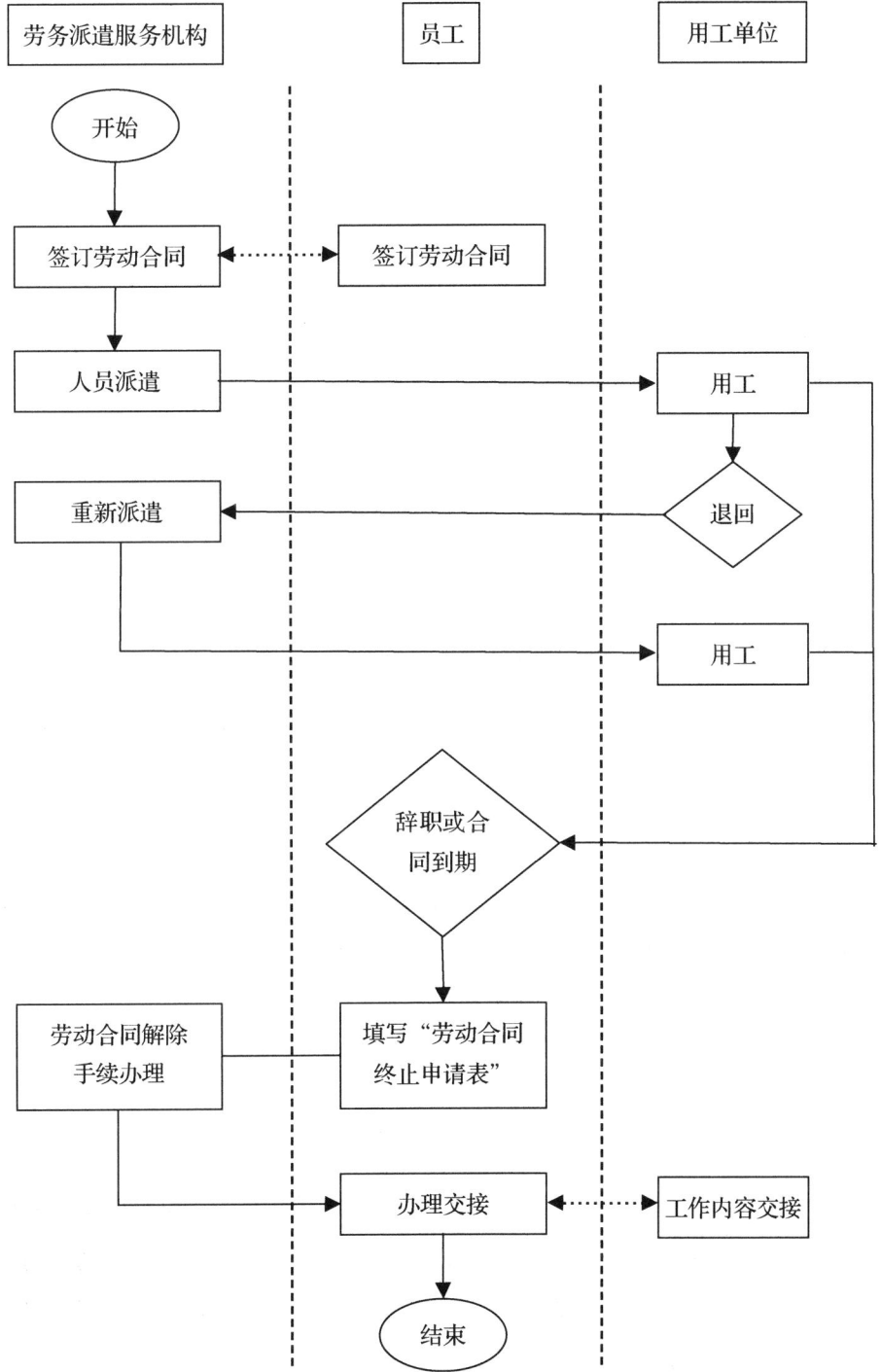

6.5 劳务派遣服务标准与合同

6.5.1 劳务派遣服务标准规定

1. 派遣用工的范围

劳务派遣用工是我国企业用工的补充形式，只能在临时性、辅助性或者替代性的工作岗位上实施。关于劳务派遣用工的范围，《劳动合同法》第六十六条、《劳务派遣暂行规定》第三条都对此作出了明确的规定，具体内容如下图所示。

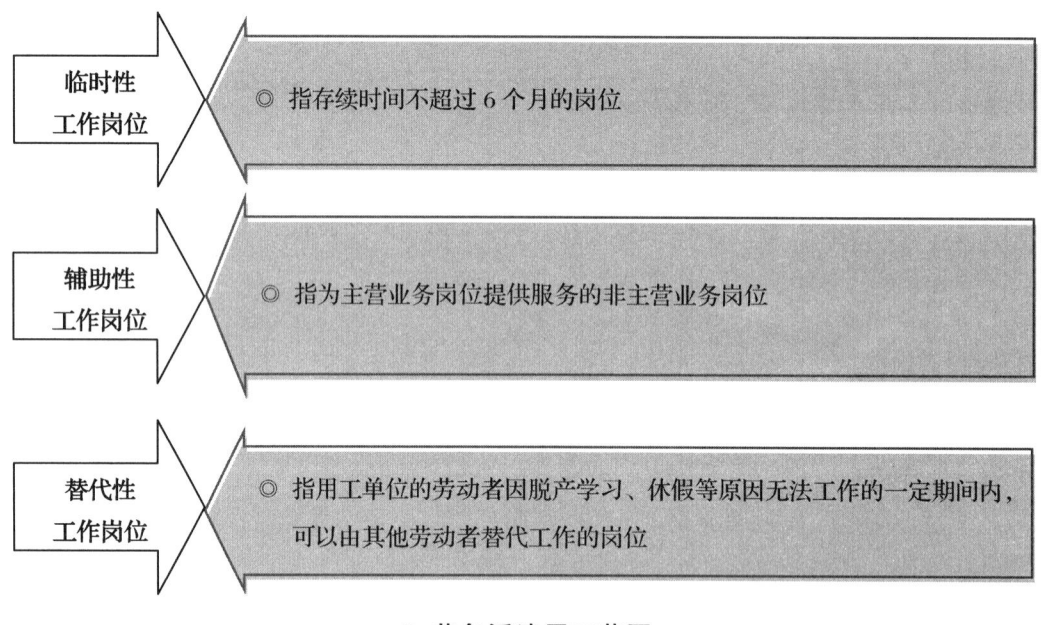

⊙ 劳务派遣用工范围

2. 待遇问题

《劳动合同法》第六十三条规定："被派遣劳动者享有与用工单位的劳动者同工同酬的权利。用工单位应当按照同工同酬原则，对被派遣劳动者与本单位同类岗位的劳动者实行相同的劳动报酬分配办法。用工单位无同类岗位劳动者的，参照用工单位所在地相同或者相近岗位劳动者的劳动报酬确定。"

3. 再派遣的相关规定

《劳动合同法》第六十二条规定:"用工单位不得将被派遣劳动者再派遣到其他用人单位。"从条文上看,派遣单位是用人单位,被派遣单位是用工单位,也就是说,被派遣的用工单位不能再将劳动者派遣到其他单位工作。

4. 跨地区派遣操作

《劳动合同法》第六十一条规定:"劳务派遣单位跨地区派遣劳动者的,被派遣劳动者享有的劳动报酬和劳动条件,按照用工单位所在地的标准执行。"也就是说,劳务派遣单位可以跨区域进行劳务派遣业务,但在劳动报酬和劳动条件方面,应按照用工单位所在地的标准执行。

5. 被派遣劳动者的辞职管理

《劳动合同法》第六十五条第一款规定:"被派遣劳动者可以依照本法第三十六条、第三十八条的规定与劳务派遣单位解除劳动合同。"同时,《劳务派遣暂行规定》第十四条也对被派遣劳动者解除劳动合同作了规定。相关的法律法规见下表。

⊙ **被派遣劳动者解除劳动合同的相关法律法规**

相关法律法规	条款	具体内容
《劳动合同法》	第三十六条	用人单位与劳动者协商一致,可以解除劳动合同
	第三十八条	用人单位有下列情形之一的,劳动者可以解除劳动合同: 1. 未按照劳动合同约定提供劳动保护或者劳动条件的 2. 未及时足额支付劳动报酬的 3. 未依法为劳动者缴纳社会保险费的 4. 用人单位的规章制度违反法律、法规的规定,损害劳动者权益的 5. 因本法第二十六条第一款规定的情形致使劳动合同无效的 6. 法律、行政法规规定劳动者可以解除劳动合同的其他情形 用人单位以暴力、威胁或者非法限制人身自由的手段强迫劳动者劳动的,或者用人单位违章指挥、强令冒险作业危及劳动者人身安全的,劳动者可以立即解除劳动合同,不需事先告知用人单位

续表

相关法律文件	条款	具体内容
《劳动合同法》	第六十五条第一款	被派遣劳动者可以依照本法第三十六条、第三十八条的规定与劳务派遣单位解除劳动合同
《劳务派遣暂行规定》	第十四条	被派遣劳动者提前30日以书面形式通知劳务派遣单位，可以解除劳动合同。被派遣劳动者在试用期内提前3日通知劳务派遣单位，可以解除劳动合同

6. 被派遣劳动者的辞退管理

《劳动合同法》第六十五条第二款和《劳务派遣暂行规定》第十五条，对劳务派遣单位解除劳动合同作了明确规定。有关具体内容见下表。

⊙ **劳务派遣单位解除劳动合同的相关法律法规**

相关法律法规	条款	具体内容
《劳动合同法》	第三十九条	第三十九条　劳动者有下列情形之一的，用人单位可以解除劳动合同： 1. 在试用期间被证明不符合录用条件的 2. 严重违反用人单位的规章制度的 3. 严重失职，营私舞弊，给用人单位造成重大损害的 4. 劳动者同时与其他用人单位建立劳动关系，对完成本单位的工作任务造成严重影响，或者经用人单位提出，拒不改正的 5. 因本法第二十六条第一款第一项规定的情形致使劳动合同无效的 6. 被依法追究刑事责任的
	第四十条	第四十条　有下列情形之一的，用人单位提前30日以书面形式通知劳动者本人或者额外支付劳动者1个月工资后，可以解除劳动合同： 1. 劳动者患病或者非因工负伤，在规定的医疗期满后不能从事原工作，也不能从事由用人单位另行安排的工作的 2. 劳动者不能胜任工作，经过培训或者调整工作岗位，仍不能胜任工作的
	第六十五条第二款	被派遣劳动者有本法第三十九条和第四十条第一项、第二项规定情形的，用工单位可以将劳动者退回劳务派遣单位，劳务派遣单位依照本法有关规定，可以与劳动者解除劳动合同

续表

相关法律法规	条款	具体内容
《劳务派遣暂行规定》	第十二条	第十二条　有下列情形之一的，用工单位可以将被派遣劳动者退回劳务派遣单位： 1. 用工单位有劳动合同法第四十条第三项、第四十一条规定情形的 2. 用工单位被依法宣告破产、吊销营业执照、责令关闭、撤销、决定提前解散或者经营期限届满不再继续经营的 3. 劳务派遣协议期满终止的
	第十五条	被派遣劳动者因本规定第十二条规定被用工单位退回，劳务派遣单位重新派遣时维持或者提高劳动合同约定条件，被派遣劳动者不同意的，劳务派遣单位可以解除劳动合同 被派遣劳动者因本规定第十二条规定被用工单位退回，劳务派遣单位重新派遣时降低劳动合同约定条件，被派遣劳动者不同意的，劳务派遣单位不得解除劳动合同。但被派遣劳动者提出解除劳动合同的除外

6.5.2　劳务派遣服务注意事项

1. 明确劳务派遣协议订立的主体

《劳动合同法》第五十九条第一款规定："劳务派遣单位派遣劳动者应当与接受以劳务派遣形式用工的单位（以下称用工单位）订立劳务派遣协议。劳务派遣协议应当约定派遣岗位和人员数量、派遣期限、劳动报酬和社会保险费的数额与支付方式以及违反协议的责任。"

2. 劳务派遣协议签订需注意的问题

劳务派遣单位在与用工单位签订劳务派遣协议时，需在协议中明确相关内容，以防止责任约定不清导致的风险。具体而言，在签订劳务派遣协议时，需注意以下问题。

（1）明确派遣岗位和人员数量。对于被派遣劳动者的基本信息也应予以明确，同时，对于工作岗位的基本情况，在协议中也应具体说明。

（2）明确劳务派遣期限。《劳动合同法》第五十九条第二款规定："用工单位应当根据工作岗位的实际需要与劳务派遣单位确定派遣期限，不得将连续用工期限分割订立数个短期劳务派遣协议。"

（3）明确劳动报酬和社会保险费的数额与支付方式。劳务派遣作为一种三方关系，劳务派遣单位与作为用工单位的企业，应在协议中明确被派遣劳动者劳动报酬和社会保险费的数额与支付方式，防止发生纠纷时出现责任不明的情况。

（4）明确违反协议的责任。《劳动合同法》第九十二条第二款规定："劳务派遣单位、用工单位违反本法有关劳务派遣规定的，由劳动行政部门责令限期改正；……给被派遣劳动者造成损害的，劳务派遣单位与用工单位承担连带赔偿责任。"

6.5.3 劳务派遣合同

在劳务派遣这一用工形式中，涉及三方主体：劳务派遣单位、用工单位、被派遣劳动者。其中，劳务派遣单位与被派遣劳动者之间属于劳动关系，劳务派遣单位需与被派遣劳动者签订劳动合同（劳务派遣合同）；劳务派遣单位与用工单位之间属于合同关系，双方应签订劳务派遣协议；而用工单位与被派遣劳动者之间是基于劳务派遣协议所产生的一种劳务用工关系。下图清晰地说明了这一点。

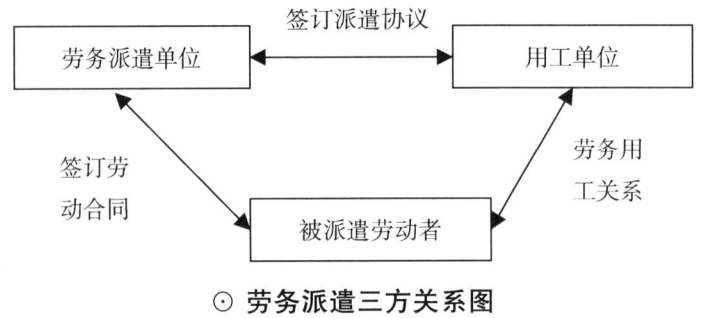

⊙ 劳务派遣三方关系图

在劳务派遣的三方关系中，各主体需明确在劳务派遣中各自的角色及相互之间的法律关系，据此签订有关的合同或协议。切不可混淆关系，以免产生麻烦。

什么是劳务派遣合同？如何订立劳务派遣合同？下文为如何订立劳务派遣合同的相关内容。

1. 劳务派遣合同的内容

《劳动合同法》第五十八条第一款规定："劳务派遣单位是本法所称用人单位，应当履行用人单位对劳动者的义务。劳务派遣单位与被派遣劳动者订立的劳动合同，除应当载明本法第十七条规定的事项外，还应当载明被派遣劳动者的用工单位以及派遣期限、工作岗位等情况。"也就是说，劳务派遣单位与被派遣劳动者订立的劳动合同的必备条款包括下图所列的十个方面的内容。

所包括的内容

1. 用人单位的名称、住所和法定代表人或者主要负责人

2. 劳动者的姓名、住址和居民身份证或者其他有效身份证件号码

3. 劳动合同期限

4. 工作内容和工作地点

5. 工作时间和休息休假

6. 劳动报酬

7. 社会保险

8. 劳动保护、劳动条件和职业危害防护

9. 法律、法规规定应当纳入劳动合同的其他事项

10. 被派遣劳动者的用工单位以及派遣期限、工作岗位等情况

⊙ 劳务派遣合同的内容

具有法人资格的劳务派遣单位，应与招聘录用的劳务人员签订劳动合同，依法建立劳动关系，明确双方的权利和义务。《劳动合同法》的这一规定规范了劳务派遣合同的内容，使劳务派遣合同的订立更加规范和明确。

2. 劳务派遣合同的要点

签订的劳务派遣合同，除内容条款需符合《劳动合同法》的规定外，还有下图所示的四点是需要引起注意的。

| 派遣内容 | 劳务派遣合同应当写明被派遣劳动者的用工单位以及派遣期限、工作岗位等情况 |

| 合同期限 | 劳务派遣单位应当与被派遣劳动者订立两年以上的固定期限劳动合同 |

| 劳动报酬问题 | 1. 劳务派遣单位应按月支付劳动报酬
2. 被派遣劳动者在无工作期间，劳务派遣单位应当按照所在地人民政府规定的最低工资标准，向其按月支付报酬
3. 劳务派遣单位跨地区派遣劳动者的，被派遣劳动者享有的劳动报酬和劳动条件，按照用工单位所在地的标准执行
4. 劳务派遣单位和用工单位不得向被派遣劳动者收取费用 |

| 社会保险问题 | 劳务派遣单位应按照法律的规定为被派遣劳动者缴纳社会保险费 |

⊙ 劳务派遣合同需明确的四个要点

下面是一份劳务派遣合同的示例，供参考。

文书名称	劳务派遣合同	编　号	
		版　本	

甲乙双方依据相关法律规定，在平等自愿、协商一致的基础上订立本合同。

一、合同主体基本情况

甲方（劳务派遣单位）：

法定代表人（或主要负责人）：

注册地址：

联系电话：

乙方（被派遣劳动者）：

身份证号码：

户籍地址：

现居住地：

联系电话：

二、合同期限

劳动期限自＿＿年＿＿月＿＿日至＿＿年＿＿月＿＿日止。试用期自＿＿年＿＿月＿＿日至＿＿年＿＿月＿＿日止。

三、工作内容、工作地点及要求

1. 甲方派遣乙方工作的用工单位名称：＿＿＿＿＿＿＿＿＿＿。

2. 乙方同意根据用工单位的工作需要，从事_____工作，乙方的工作区域或工作地点在_____。
3. 乙方按用工单位的要求应达到以下工作标准。
_____
_____
_____。

四、工作时间和休息休假
1. 用工单位安排乙方执行_____工时制度。
2. 甲方和用工单位对乙方实行的休假制度有_____。

五、劳动报酬
1. 甲方每月____日前以货币形式支付乙方工资，月工资为____元。乙方在试用期期间的工资为____元。甲乙双方对工资的其他约定为_____。
2. 甲方未能安排乙方工作或者乙方被用工单位退回期间，甲方按照当地最低工资标准支付乙方报酬。

六、劳动条件及工作纪律
1. 乙方在用工单位工作期间，按岗位（工种）享受劳动保护用品待遇。
2. 在合同期间乙方违反用工单位管理规章或操作规程给用工单位造成经济损失或声誉损害的，按用工单位的有关规定，由乙方负责赔偿。
3. 乙方应承担保密义务，不得以任何形式向外界提供或泄露用工单位的商业秘密，保障用工单位的合法权益，维护用工单位的利益和社会声誉，造成不良影响的，由乙方承担责任。

七、社会保险
1. 甲方根据相关法律、法规负责办理乙方养老、医疗、工伤、失业、生育等有关社会保险手续。
2. 甲方为乙方提供以下福利待遇_____。

八、合同变更、解除、终止
1. 甲乙双方变更、解除、终止本合同依照《劳动合同法》和其他有关法律法规规定执行。
2. 甲方在解除或者终止本合同时，为乙方出具解除或者终止劳动合同的证明，并在____日内为乙方办理档案和社会保险关系转移手续。
3. 乙方按照双方约定，办理工作交接。甲方应当支付经济补偿的，在办结工作交接时支付。

九、违约责任
任何一方违反本合同约定，给对方造成经济损失的，应视其后果和责任大小按有关规定予以赔偿。

十、劳动争议处理
1. 因履行本合同发生的劳动争议，甲乙双方应协商解决，协商、调解不成，可向所在地劳动争议仲裁机构申请仲裁或向人民法院提起诉讼。
2. 本合同未尽事宜或与今后国家和当地有关规定相悖的，按有关规定执行。
3. 本合同一式两份，甲乙双方各执一份。双方签字、盖章生效。
甲方（公章）： 乙方：
日期： 日期：

编制日期		审核日期		批准日期	
修改标记		修改处数		修改日期	

6.6 劳务派遣服务常用文书

6.6.1 劳务派遣计划书

文书名称	劳务派遣协议书	编 号	
		版 本	

劳务派遣计划书

一、公司简介（略）
（从本公司主营业务、服务特色、服务优势等方面予以描述。）

二、劳务派遣服务综述
劳务派遣业务是一种可跨地区、跨行业的新型用工方式。用工单位根据业务发展需要，由劳务派遣机构派遣所需员工，并由劳务派遣机构与员工建立劳动关系，负责员工的管理。其最大特点是劳动力的使用与管理相分离，劳务派遣机构雇用员工但不使用员工，用工单位使用员工但不雇用员工。

实行劳务派遣后，实际用工单位与劳务派遣机构签订《劳务派遣协议》，劳务派遣机构与派遣员工签订《劳动合同》，实际用工单位与派遣员工签订《岗位协议》，用工单位与劳动者双方只有使用关系而没有劳动合同关系。

三、劳务派遣计划的主要目标
根据客户单位的劳务派遣用工需求，本公司只负责管人而不用人，而客户单位（用工单位）只用人而不管人，从而达到规范劳动关系、转移用工风险、降低用人成本的目的。

四、服务项目及报价
本公司提供的服务项目及收费标准见下表。

⊙ 服务项目及收费标准

		服务项目	收费标准
基本服务	1	员工劳动关系的转移及劳动合同的签订	
	2	员工劳动档案的建立及管理	
	3	员工工资发放	
	4	员工社会保险费的缴纳	____元/人/月（10人以下）
	5	员工住房公积金的缴纳及提取	____元/人/月（11~30人）
	6	员工的劳动争议处理	____元/人/月（31~50人）
	7	员工关系维护（定期走访、交流会、疑难问题解答）	____元/人/月（50人以上）
	8	员工职业技能培训	
	9	代办员工有关的证件	
	10	劳动人事法律、法规、政策咨询	

续表

服务项目			收费标准
增值服务	招聘	1 根据客户需要利用本公司的渠道为客户发布招聘信息	_____元/人
		2 简历筛选，提供候选人	
		3 组织应聘者考试与初试	
		4 安排应聘人员复试	
		5 个性化推荐（中端人才）	_____元/人/次
		6 猎头服务（高端人才）	_____元/人/次
	团队建设	7 拓展训练	_____元/次
		8 针对性课题培训	_____元/课时
		9 员工表彰大会	_____元/次
		10 人力资源管理咨询	_____元/次

五、服务内容说明

（一）本公司建立内部人才储备库的渠道

1. 通过人力资源市场、人才中介机构等途径寻找人才。
2. 举办专场招聘会，定向吸引专业型人才。
3. 与本市各大高校、中职技校和就业机构搭建合作平台。
4. 通过专业招聘网站、公司网站、人力资源QQ群等长期发布人员需求信息。
5. 在员工队伍中做好宣传工作，通过员工举荐同行业人才等。

（二）派遣员工的招聘及入职

1. 用工单位提出用工需求，注明岗位（工种）、资格要求及人员数量、薪资福利待遇等。
2. 本公司从人才库里提取符合用工单位需求的人员，由本公司与用工单位共同面试；若人才库中无匹配人选，立即采取其他渠道招聘。
3. 初试合格者由本公司开具《劳务派遣介绍信》，带上相关证件到用工单位进行复试（含实际操作）。
4. 复试合格者（若有体检要求，须到指定医院进行体检）带上相关证件（身份证复印件、毕业证复印件、岗位资格证书、社保接续卡、照片、体检证明等），与本公司建立劳动合同关系后，凭《劳务派遣通知书》，正式派往用工单位工作。
5. 协助用工单位完成安全教育、职业操守等入职培训，办理有关社会保险事宜和办理员工银行工资卡。
6. 试用不合格者，用工单位按规定开具《退工通知书》将员工退回本公司，本公司立即推荐新的员工进行试用。

（三）人员信息的更新和管理

本公司会每周更新人事报表，并在月底提交人事月报，统计各项人事数据，提交入职、离职人员名单。

（四）工资的发放

本公司会依据协议的约定，准时、足额发放派遣员工的工资，并将发放工资的有效凭证复印件提交用工单位留底查存。

（五）员工档案管理（略）

（六）员工管理

1. 开展入职前的教育和动员，让派遣员工认同派遣的形式。

2. 了解派遣员工的文化背景并要求其主动学习和融入用工单位的文化。

3. 与用工单位合作制定针对派遣员工切实可行的管理制度，根据需要在相应的周期内进行修订，保持制度的合法性和实用性。

（七）员工服务与关怀

1. 由专人定期和不定期走访派遣员工，了解员工生产、生活状况，发生问题及时与用工单位联络人接洽，双方配合解决。

2. 为增强凝聚力和增进认同感，本公司定期开展员工年度评优与评先、员工座谈等活动。

3. 针对时发的小工伤，定期购买、补充创可贴、消炎药、感冒药、红花油、纱布等。

4. 为解除员工后顾之忧，本公司出台了员工特殊情况慰问、募捐制度。

5. 开展丰富多彩的活动，增进派遣员工之间、派遣员工与用工单位员工之间的交流，丰富派遣员工的业余文化生活，提供展现才能的机会和舞台。

6. 重视对派遣员工的职业和转业指导，帮助他们规划自己的职业生涯，不断促进派遣员工的职业发展和提升。

7. 发挥从事人力资源服务的优势，借助众多客户单位，做好转业、转岗人员的内部调配，有效提高公司在员工中的信任度。

8. 本公司开通咨询电话、电子邮箱，长期面向员工提供劳动人事政策、法律法规等有关问题、流程的咨询、解释工作。

9. 本公司协助员工办理职称、职业资格等有关事宜，开具未婚、房屋按揭收入、职称申报等证明。

（八）客户关系维护

1. 为规范服务流程，改进服务质量，本公司定期进行客户满意度调查，针对有关问题进行书面信息反馈，并积极采取有效措施改进、完善。

2. 本公司积极协助用工单位进行绩效考核、薪酬办法制定，并开通咨询电话、电子邮箱，长期面向用工单位提供劳动人事政策、法律法规的咨询工作。

（九）劳动争议处理（略）

六、公司承诺

（一）保证服务质量

本公司将配备专业的项目团队，严格执行双方约定的制度、流程，以保证劳务派遣的服务质量。

（二）保证服务规范

本公司将严格按照服务公约，以规范化的管理流程，及时处理、解决有关事务。

（三）保证员工利益

及时、准确地申报有关社会保险，及时支付员工工伤、医疗、生育等保险待遇，按时、足额发放员工工资（在特殊情况下可由本公司先行垫付）。

（四）妥善处理退工

用工单位依照国家和有关规定双方派遣协议的约定退回派遣员工，本公司负责接收并妥善处理。

（五）在提供派遣服务的基础上，本公司将为用工单位提供以下免费或优惠服务。

_____

_____

_____ 。

6.6.2 劳务派遣协议书

文书名称	劳务派遣协议书	编　号	
		版　本	

甲方（用工单位）：　　　　　　乙方（劳务派遣单位）：
地址：　　　　　　　　　　　　地址：

甲乙双方本着平等自愿、协商一致、公平公正、诚实信用的原则，根据《劳动合同法》及《劳务派遣暂行规定》等有关法律法规规定，签订本协议，并承诺共同遵守。

一、协议期限

本协议自____年____月____日至____年____月____日止。

二、派遣岗位、人数和期限

1. 甲方需要接受劳务派遣人员的岗位和人员数量如下：

岗位：_____，人数：_____人，工作内容为_____，工作地点为_____，派遣期限自____年____月____日至____年____月____日止。

2. 乙方按照甲方用工需求，负责推荐符合条件的劳务派遣人员供甲方择优使用。乙方承担对劳务派遣人员的用人单位义务，甲方承担对接受劳务派遣人员的用工单位连带责任义务。

3. 甲方承诺，以上岗位工种符合国家关于劳务派遣只能在临时性、辅助性或者替代性的工作岗位上实施的要求，并保证没有将延续用工期限分割订立数个短期劳务派遣协议的情形。

三、工作时间和休息休假

1. 工作时间：派遣员工在甲方实行（□标准　□综合计算　□不定时）工时工作制。其中，标准工时工作制度为每天工作_____小时，每周休息日为_____；实行综合计算工时工作制或不定时工时工作制的，由甲方负责向乙方提供报经劳动行政部门批准的行政许可决定，并告知劳务派遣员工。

2. 休息、休假：按国家和甲方的_____规定执行。

3. 甲方负责保障派遣员工享有法定休息休假权利。甲方因工作需要安排派遣员工延长工作时间或在节假日加班的，应当征得其同意，并依法安排调休或支付加班加点工资。

四、劳动报酬

1. 派遣员工享有与甲方相同或相近岗位劳动者同工同酬和福利待遇的权利。乙方不得克扣甲方支付给派遣员工的劳动报酬。

2. 乙方与甲方商定的派遣员工工资发放日为每月____日，工资发放形式为（□由乙方发放 □由甲方直接发放　□由乙方或甲方委托银行发放）。

3. 乙方与甲方协商确定，派遣员工的工资标准采用下列第___种方式。

（1）实行月薪制，每月为_____元，具体办法按照甲方规定执行。

（2）实行基本工资和绩效奖金相结合的工资分配办法，基本工资为每月_____元，绩效奖金考核发放办法根据甲方规定执行。

（3）实行计件工资制，计件工资的劳动定额管理按照甲方的规定执行，定额单价为_____。

五、社会保险

派遣员工的社会保险由乙方负责，乙方应当给派遣员工按时足额缴纳各项社会保险费，其中派遣员工应缴纳的社会保险费由乙方代扣代缴。

六、劳动保护、劳动条件和职业危害防护

1. 甲方保证执行国家劳动标准，提供相应的劳动条件和劳动保护。甲乙双方共同负责教育派遣员工遵守国家和甲方规定的劳动安全规程。

2. 甲方安排派遣员工的工作若属于国家规定的有毒、有害、特别繁重或者其他特种作业的，甲方负责定期安排派遣员工进行健康检查。

3. 派遣员工因工作遭受事故伤害或患职业病，甲乙双方均有负责及时救治、保障其依法享受各项工伤保险及相关待遇的连带义务。乙方应按规定为员工申请工伤认定和劳动能力鉴定。

4. 员工患病或非因工负伤，甲乙双方共同承担保证其享受国家规定的医疗期和相应医疗待遇的连带义务。

七、派遣员工退回

1. 有下列情况之一的，派遣期间，甲方不得退回被派遣员工。派遣期满的，应当续延至相应的情形消失时。

（1）从事接触职业病危害作业的派遣员工未进行离岗前职业健康检查，或者疑似职业病病人在诊断或者医学观察期间的。

（2）派遣员工在甲方患职业病或者因工负伤并被确认丧失或者部分丧失劳动能力的。

（3）派遣员工患病或者非因工负伤，在规定的医疗期内的。

（4）女性派遣员工在孕期、产期、哺乳期的。

（5）法律、行政法规规定的其他情形。

2. 有下列情况之一的，甲方可以退回派遣员工或要求乙方更换派遣员工，且不用支付赔偿金。

（1）派遣员工在试用期间被证明不符合录用条件的。

（2）派遣员工严重违反甲方的规章制度的。

（3）派遣员工严重失职，营私舞弊，给甲方造成重大损害的。

（4）派遣员工被依法追究刑事责任的。

（5）派遣员工派遣期满。

3. 有下列情况之一的，甲方可以退回派遣员工，但是应当提前 30 日通知乙方和派遣员工本人，符合法律法规关于辞退员工需支付经济补偿的情形的，甲方应按照相关法律法规的标准支付相应的经济补偿金。

（1）甲方濒临破产进行法定整顿期间或者生产经营状况发生变化，确需裁减人员的。

（2）派遣员工患病或者非因工负伤，在规定的医疗期满后不能从事原工作，也不能从事由甲方另行安排的工作的。

（3）派遣员工不能胜任工作，经过培训或者调整工作岗位，仍不能胜任工作的。

八、劳务派遣服务相关费用

甲方应承担的相关费用主要有以下几项：

1. 支付乙方的劳务派遣服务费，标准为每人每月_____元。甲方支付给乙方的劳务派遣服务费，乙方必须开具正式发票。

2. 派遣员工的劳动报酬和福利待遇。

3. 甲方应承担的派遣员工工伤事故费用。

4. 由于甲方原因导致派遣员工被裁减或辞退而发生的经济补偿金。

九、协议解除与终止

任何一方若提前解除或终止协议，应提前 30 日以书面形式通知对方，经双方同意后方可执行，并协助对方处理相关善后事宜。

十、争议处理

1. 甲乙双方对本协议若有争议，应本着友好协商和妥善处理的原则加以解决，如协商不成，则向本协议履行地的人民法院提起诉讼。

2. 甲方与派遣员工发生劳务争议，应先由甲方与派遣员工协商；如果双方协商不成，由甲方、乙方和派遣员工三方协商；如果三方协商不成，乙方负责处理此类事宜。

十一、违约责任

1. 甲方无故拖欠乙方费用的，每日应按拖欠部分____%的标准向乙方支付违约金。若甲方拖欠时间达 30 日以上，乙方有权解除本协议，并依法追回欠付金额及违约金。

2. 因甲方拖欠费用导致派遣员工薪酬未能发放所产生的相关责任由甲方承担。

3. 乙方因违约需承担违约金和经济赔偿的，甲方提供证明材料，经乙方核实同意后，甲方可在当期结算的费用中直接扣减。

十二、其他

1. 本协议一式两份，甲乙双方各执一份，自双方签字盖章之日起生效。

2. 本协议未尽事宜，法律法规有规定的，按法律法规规定执行；法律法规没有规定的，由双方协商解决；若双方协商不成或者发生争议的，依有关规定处理。

甲方（盖章）：	乙方（盖章）：
法定代表人签字：	法定代表人签字：
（或委托代理人签名）：	（或委托代理人签名）：
签订日期：____年____月____日	签订日期：____年____月____日

编制人员		审核人员		审批人员	
编制时间		审核时间		审批时间	

第7章 人力资源外包服务

7.1 人力资源外包服务的业务类型

人力资源外包服务是人力资源服务机构为有外包需求的企业提供的，承担解决一系列程序性强且重复性高的事务性工作的服务。根据企业需求不同、人员规模及业务性质不同，人力资源外包服务的业务类型也有所区别。人力资源外包服务，从总体上来讲可以分为招聘流程外包、薪酬外包、岗位外包、福利外包和人力资源事务外包等。

7.1.1 人力资源事务外包

人力资源事务外包也叫人事代理服务，是指企业将人力资源管理过程中的事务性操作性工作全部外包给人力资源服务机构，如劳动合同代签、用退工申报、薪酬代发放、社保和公积金申报与缴纳办理、人事档案转递和信息管理等，以降低企业成本，实现效率的最大化。

人力资源事务外包在一定程度上使企业人力资源工作人员能够将更多时间投入到人力资源核心业务中，为企业发展提供更多支持。

7.1.2 招聘流程外包

招聘流程外包属于人力资源外包服务的一种方式，是包括招聘全流程的一站式服务，即从确定用人需求、与用工单位沟通用人理念、发布招聘信息、筛选简历、人员素质测评、面试、薪酬沟通到候选人员报到的全过程服务。

招聘流程外包可以缩减用工单位的招聘时间，提高招聘效率。

7.1.3 薪酬外包

薪酬外包是指企业与人力资源服务机构建立合作关系，由人力资源服务机构负责企业的薪酬管理日常工作，如职位评价、薪酬方案设计、薪资发放、代缴个人所得税和社保公积金、工资单的制作和处理等。

薪酬管理工作涉及人力资源管理知识、财税知识、劳动法律知识等多个方面。做好薪酬管理工作，既要体现薪酬的激励价值，又要合理降低和控制用工成本。薪酬外包服务业务的出现，有助于为企业面对市场挑战提供灵活、可靠的解决方案。

7.1.4 福利外包

福利外包是指人力资源服务机构在深入分析企业员工福利需求的基础上，结合企业福利经费计划，为企业制定个性化强、适用度高的福利解决方案，并加以实施。福利外包业务可以节省企业的福利成本，提高福利发放的满意度，为形成良好的企业氛围和员工关系提供保障，是满足员工福利多样化需求、提升企业核心竞争力的一种重要手段。

7.1.5 岗位外包

岗位外包分为专业人员岗位外包和通用人员岗位外包。专业人员岗位是指需要某些专业技能和能力的岗位，如 IT 工程师、工程项目岗位等。通用人员岗位是指生产服务类岗位和办公室岗位，主要有财务、人事、行政等岗位。

7.2 人力资源外包服务企业岗位设计与岗位说明

7.2.1 人力资源外包服务企业组织架构

下图是人力资源外包服务企业的组织架构示例，供参考。

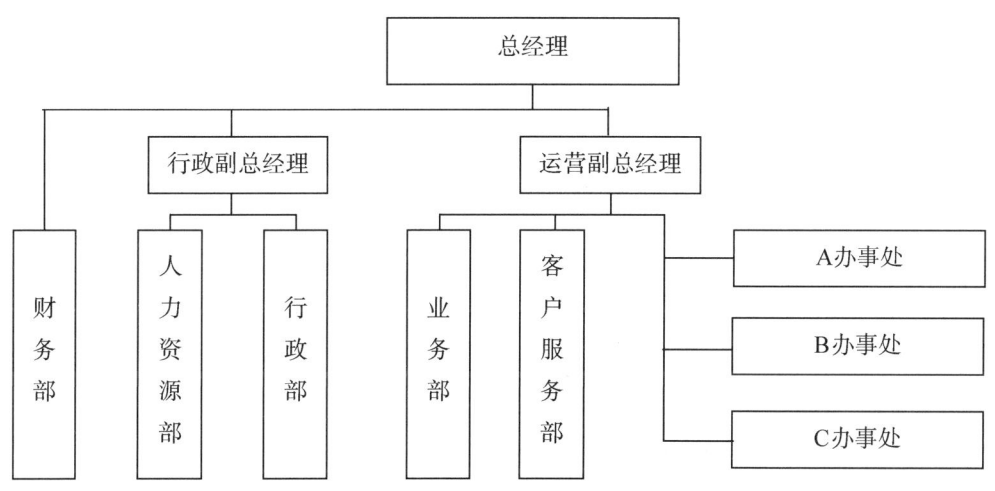

⊙ **人力资源外包服务企业组织架构示例**

7.2.2 业务经理岗位说明书

岗位名称		业务经理	职位编号	
部　　门		业务部	直接主管	运营副总经理
岗位概述		负责外包业务的发展（包括业务开发、客户拓展、谈判），完善业务渠道，搭建业务渠道体系		
岗位职责	职责一	负责开发新客户，有效跟进现有客户，挖掘潜在客户资源		
	职责二	深度分析客户需求，为客户定制服务解决方案，多角度、专业化呈现服务项目及服务效果		
	职责三	负责项目达成，起草并审核项目合同书，促成与客户的合作		
	职责四	负责项目合同跟进，与内部支持部门紧密沟通协调，确保达成项目要求		
	职责五	负责项目回款管理，跟进项目执行进度，确保及时回款		
	职责六	分解公司业务目标和绩效指标，制订部门各阶段详细的工作计划，促使部门任务完成		
任职条件	知识与技能	人力资源管理或市场营销相关专业本科及以上学历		
		熟悉人力资源外包业务流程，了解人力资源外包市场行情		
		具备优秀的沟通和谈判能力、良好的决策判断能力和计划组织能力		
	工作经验	3年以上同岗位工作经验		

7.2.3 客户服务经理岗位说明书

岗位名称		客户服务经理	职位编号	
部　　门		客户服务部	直接主管	运营副总经理
岗位概述		负责公司客户服务项目实施的统筹性工作		
岗位职责	职责一	提供解决方案，全面解决客户人力资源外包方面的问题		
	职责二	把控人力资源外包服务开展过程，确保服务质量		
	职责三	监督和管理项目的运作情况，及时处理投诉问题		
	职责四	深入挖掘客户需求，推广公司增值服务		
	职责五	合理调配部门员工工作，充分发挥和调动员工的积极性，不断提升员工的工作能力和效率		
	职责六	负责项目内部团队的员工培训和绩效考核等工作		

续表

任职条件	知识与技能	人力资源管理相关专业本科及以上学历
		熟悉人力资源管理相关法规政策和人力资源外包各环节的内容
		有亲和力，沟通协调表达能力强，具备较强的团队管理能力
	工作经验	3年以上同岗位工作经验

7.2.4 社保顾问岗位说明书

岗位名称		社保顾问	职位编号	
部门		客户服务部	直接主管	客户服务经理
岗位概述		负责公司社保代理业务的实施工作		
岗位职责	职责一	负责解答客户关于劳动人事政策相关问题的咨询		
	职责二	通过电话和面访了解客户社保需求，寻求销售机会，与客户达成合作意向并签单		
	职责三	根据公司要求在规定时间内完成客户社保和公积金的申报、办理、退保等工作		
	职责四	配合公司相关部门完成本人负责的客户缴费情况审核及反馈工作		
	职责五	配合公司收取客户参保员工相关缴费材料		
	职责六	协助梳理全国各地社保和公积金操作流程，并形成公司本部的标准操作手册		
	职责七	负责客户关系维护		
任职条件	知识与技能	人力资源管理相关专业大专及以上学历		
		熟悉《劳动法》《劳动合同法》及当地社会保险、福利待遇等方面的规定及政策		
		具备较强的沟通能力		
	工作经验	1年以上社保管理工作经验		

7.2.5 薪酬专员岗位说明书

岗位名称		薪酬专员	职位编号	
部门		客户服务部	直接主管	客户服务经理
岗位概述		负责公司薪酬外包业务的操作工作		
岗位职责	职责一	根据客户要求，出具月度社保和公积金账单及薪酬计算和工资单		
	职责二	解答客户及员工薪资计算等方面的操作问题，提供政策咨询服务		

续表

岗位职责	职责三	使用公司系统，录入客户员工信息主数据及月度变动信息，确保系统录入数据的正确性和及时性
	职责四	使用公司系统，计算并复核社保账单及薪资，确保准确无误，并按照规定时间准时交付
	职责五	建立并维系良好的客户关系
任职条件	知识与技能	人力资源管理相关专业大专及以上学历
		熟练使用Office办公软件，具备较强的数据分析能力
		熟悉《劳动法》及相关法律法规，了解薪酬管理知识与工作流程
	工作经验	1年以上同岗位工作经验

7.2.6 培训专员岗位说明书

岗位名称		培训专员	职位编号	
部　　门		客户服务部	直接主管	客户服务经理
岗位概述		负责公司培训外包业务的实施工作		
岗位职责	职责一	了解客户需求，寻求销售机会，与客户达成合作意向并签单		
	职责二	与讲师沟通，根据客户需求调整培训内容		
	职责三	负责公司培训项目的实施，包括为客户制订培训计划、协调资源和过程控制		
	职责四	监管培训质量，跟进客户需求，完善培训内容		
	职责五	归纳整理培训记录，跟踪反馈培训考核与培训效果，建立培训档案		
	职责六	为客户提供专业的产品咨询、问题解答与项目跟进等服务		
任职条件	知识与技能	人力资源管理相关专业大专及以上学历		
		了解培训外包业务知识，熟练掌握培训相关技能		
		熟练运用Office办公软件，具备较强的语言表达和沟通能力		
	工作经验	1年以上培训工作经验		

7.2.7 销售顾问岗位说明书

岗位名称	销售顾问	职位编号	
部　　门	客户服务部	直接主管	客户服务经理
岗位概述	负责公司外包业务的销售和业务洽谈工作		

续表

岗位职责	职责一	通过与客户沟通，了解客户信息和需求，为潜在客户准确介绍公司的业务
	职责二	善于利用各种网络平台寻找目标客户，并对公司的产品及服务进行推广
	职责三	深度了解客户需求，主动解决客户定制服务过程中的疑问、难点
	职责四	把握销售机会点，做好二次开发
	职责五	及时反馈客户需求、市场变化，提出改进工作及新营销思路、建议
	职责六	独立完成客户的持续服务及维护，提升客户满意度
任职条件	知识与技能	人力资源管理或市场营销相关专业大专及以上学历
		具备灵活变通的创新营销思维和推进、执行计划的能力
		了解人力资源管理知识及外包业务
	工作经验	1年以上人力资源外包业务销售经验

7.3 人力资源外包服务业务制度设计

7.3.1 人力资源外包服务规范

制度名称	人力资源外包服务规范	编 号	
		版 本	

第1章　总则

第1条　为了规范人力资源外包服务的实施程序，明确人力资源外包服务的实施要求，为本人力资源外包服务机构（以下简称本机构）有序开展人力资源外包服务提供有效保障，特制定本规范。

第2条　本规范所称人力资源外包服务是指人力资源服务机构为企业提供人力资源管理、开发、配置及相关专业服务的活动。本规范适用于本机构人力资源外包服务实施过程的规范与管理工作。

第2章　服务人员配置

第3条　在接到企业外包服务需求后，根据企业项目特点，本机构配备专业人员进行项目跟进及服务。本机构所有从业人员必须拥有中等职业教育、高中及以上学历，掌握人力资源外包服务基本知识和基础操作流程，熟悉人力资源外包服务相关法律。

第4条　本机构将在提供服务之前，为服务企业提供相应工作人员资历信息，确保外包服务的顺利进行。

第3章 人力资源外包服务流程

第5条 业务咨询：初步了解双方意向，确认合法资质，交换公司基本情况并加以说明。

第6条 分析考察：依据企业提出的要求，对企业外包部分的人力资源信息、相关要求等资料进行收集了解。

第7条 提出委托方案：根据不同企业要求及现有状况，确定服务内容。

第8条 洽谈方案：双方研究、协商委托方案内容，修改、完善委托方案，确定时间表。

第9条 签订《人力资源外包服务合同》：明确双方权利、义务，并签署合同。

第10条 履行合同、提供服务：严格执行《人力资源外包服务合同》的各项约定。

第11条 材料归档：包括客户合法经营证明材料，与客户签订的合同及其他相关协议，合作方营业执照、组织机构代码证复印件等相关资料，以及外包项目运行有关规章制度、服务质量投诉处理意见表和其他涉及项目的各类文件资料等。

第12条 监督与改进：对项目服务过程中的关键环节进行监督，并对工作中的问题及时予以改进。

第4章 争议处理

第13条 本机构工作人员应积极处理客户在人力资源外包服务过程、结算及后续所遇到的问题。

处理时限：一般性问题，____日之内需向客户反馈处理意见；重大问题，____日之内需向客户反馈处理意见。

存在较大纠纷，多次协商解决也不能与客户达成一致处理意见时，可向相关部门申请调解、仲裁以及提起诉讼。

第5章 附则

第14条 本规范由客户服务部制定、解释与修订。

第15条 本规范经总经理批准后颁布施行。

编制日期		审核日期		批准日期	
修改标记		修改处数		修改日期	

7.3.2 人力资源外包风险管理办法

制度名称	人力资源外包风险管理办法	编　号	
		版　本	

第1章 总则

第1条 目的

为控制项目风险，降低项目经营成本，进一步提高外包项目管理水平，规范外包项目管理流程，有效管理和规避外包项目运行中的风险，保障项目按照预定的目标实现，或在风险发生时减轻风险负面影响，特制定本办法。

第2条 适用范围

本管理办法适用于本公司所有正在进行的项目，以及正在洽谈和已完成服务项目的风险管理。

第 2 章　风险造成原因

第 3 条　内部原因

就企业内部而言，制度规范不健全、服务人员专业性不够、法律意识淡薄、机构运行流程不合理、技术水平欠缺、对于客户投诉重视度不够等都是引发风险的可能因素。

第 4 条　外部原因

被服务企业内部人员或制度剧烈变化、经济形势变化、相关政策法规变动以及不可抗力等原因都可能导致项目风险。

第 3 章　风险危害

第 5 条　由外包项目风险产生的危害，分为经济损失和其他损失。

经济损失是指各类直接缩减的资产、财务经济等，以及为处理风险所耗费的人力、物力、财力。

其他损失是指难以用经济价值计量的损失，如正常工作秩序被破坏、团队工作效率下降、工作人员士气低落以及企业外部形象受损。

第 4 章　风险管理主体

第 6 条　本公司风险管理主体是以运营副总经理为中心的客户服务经理及业务经理等人。

第 5 章　风险管理原则

第 7 条　全过程原则。外包项目管理中的风险不仅存在于项目实施过程中，而且存在于项目招标投标阶段、合同签订阶段和交付验收阶段、投诉意见反馈阶段等项目运行的全过程、全阶段中。

第 8 条　主动原则。发现外包项目运作中存有风险时，应主动反馈，以免风险转变成损失后，主动预防变成了被动止损。

第 9 条　及时原则。外包项目运行过程中各类因素都有自身的时效性，对于风险的发现，应第一时间反应处理，并在团队中进行反思总结。

第 10 条　事前管理原则。本公司全体员工应有事前预防的风险管理意识。

第 6 章　风险管理基本程序

第 11 条　风险识别。本公司员工在感知风险时，须第一时间向上一级领导汇报，由专人负责制定风险识别汇报书，其中包含风险存在的环节、风险可控性预估、风险解决初步意见等内容。

第 12 条　风险衡量。风险衡量是指通过对现有资料和数据的处理，得到关于损失发生概率及其程度的有关信息，为选择风险处理方法和进行正确的风险管理决策提供可参考的依据。这个部分由风险所在环节的对应负责部门作出相应的分析汇总。

第 13 条　风险处理。风险处理是针对经过风险识别和风险衡量之后的风险问题决定采取行动或不采取行动，以及提出行动的计划方案。此方案由风险所在部门核定，报总经理审批，审批通过后方可执行。

第 14 条　风险管理效果评价。风险管理效果评价是对风险管理技术适用性及其收益情况的分析、检查、修正与评估，使选择的风险管理技术适应变化了的情况需要，从而保证管理技术的及时性和科学性。这个部分由风险环节所在负责部门和其他部门协作完成。

第 7 章　附则

第 15 条　本办法经公司总经理批准后施行。

编制日期		审核日期		批准日期	
修改标记		修改处数		修改日期	

7.4 人力资源外包服务业务流程设计

7.4.1 人力资源外包服务流程

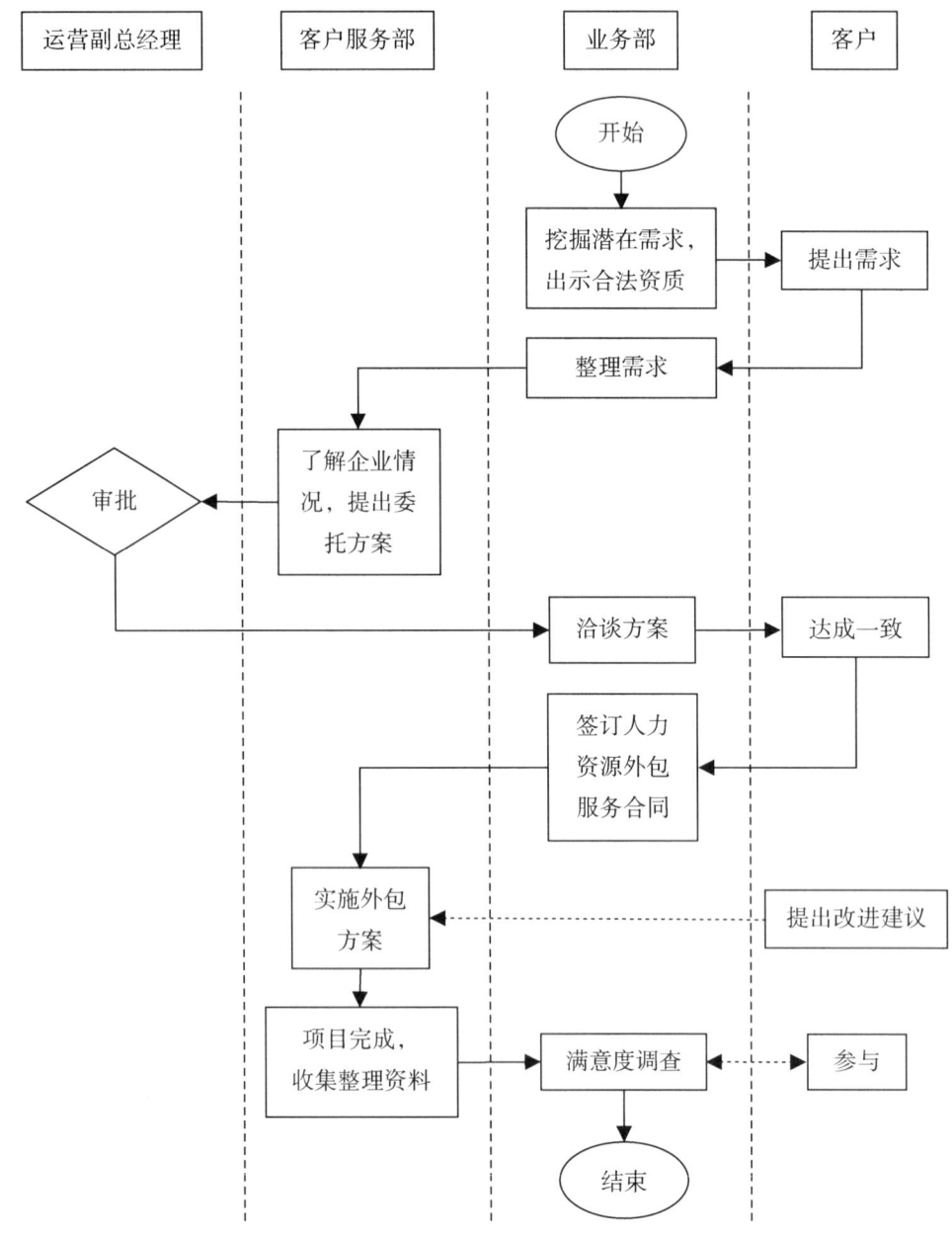

7.4.2 社保代理操作流程

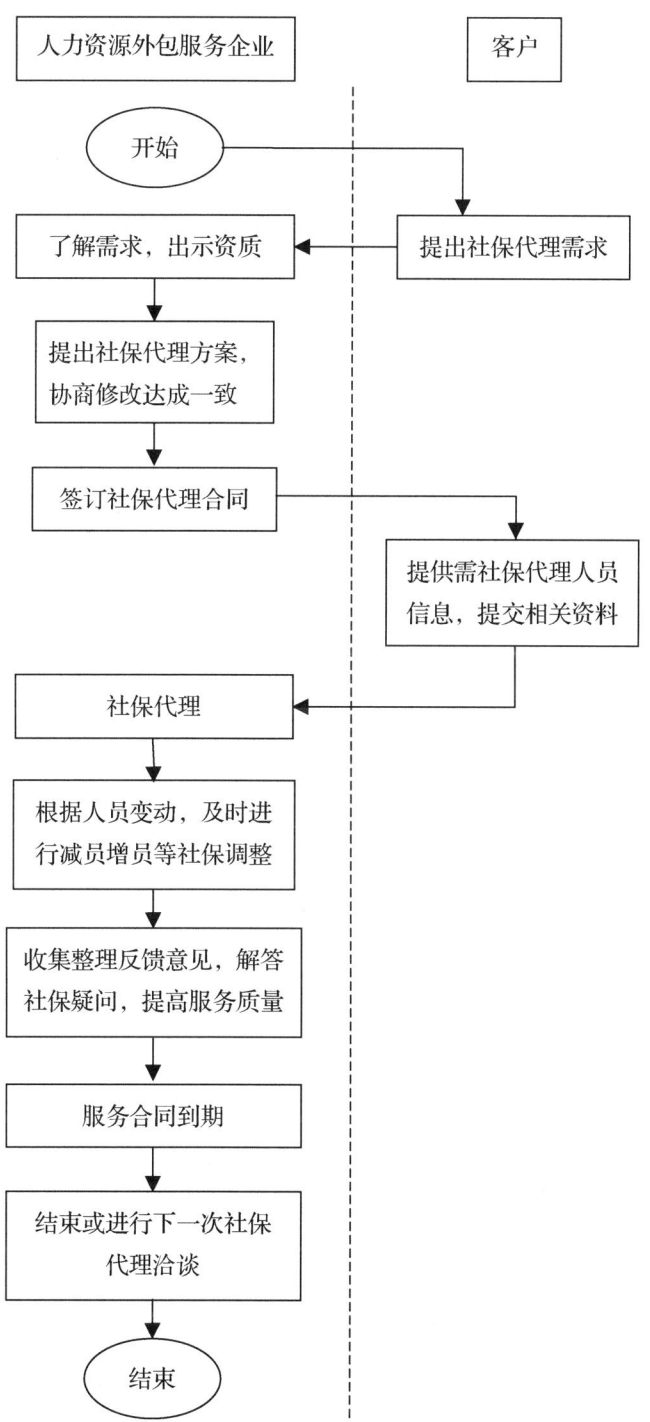

7.5 人力资源外包服务标准与合同

7.5.1 人力资源外包服务标准规定

1. 成立条件

根据《人力资源外包服务规范》的规定,人力资源外包服务机构的设立应符合以下要求。

(1) 依法取得具有人力资源外包服务经营范围的工商营业执照和人力资源服务资质的机构。

(2) 服务涉及其他行业行政许可的业务时,应取得相关领域的行政许可。

2. 对从业人员的要求

根据《人力资源外包服务规范》的规定,人力资源外包服务从业人员应符合以下要求。

(1) 拥有中等职业教育、高中及以上学历。

(2) 掌握人力资源外包服务基本知识和基础操作流程。

(3) 熟悉人力资源外包服务相关法律法规。

3. 服务要求

根据《人力资源外包服务规范》的规定,人力资源外包服务机构为客户提供服务时应按照但不限于以下要求做好服务工作。

(1) 主动向客户出示自身能够提供人力资源外包服务的资质证明材料。

(2) 根据客户要求和自身服务能力,提供切实可行的人力资源外包服务方案。

(3) 根据合同要求的服务过程或结果定时定额、保质保量完成。

(4) 客观、真实地报告外包实施过程中的实时信息及完成后的准确结果。

(5) 给予客户必要的人力资源外包服务的相关指导,协助客户实施人力资源外包方案。

(6) 根据客户自身环境变化,主动与客户协商与人力资源外包服务相关的管理和对接内容。

(7) 了解客户所属领域的专业知识或管理技能，为客户提供人力资源服务专业性解答和科学管理。

4. 劳动关系相关规定

《人力资源市场暂行条例》第三十条规定："经营性人力资源服务机构接受用人单位委托提供人力资源服务外包的，不得改变用人单位与个人的劳动关系，不得与用人单位串通侵害个人的合法权益。"

5. 争议解决

根据《人力资源外包服务规范》的规定，人力资源外包服务机构应建立争议解决机制，积极处理客户在人力资源外包服务过程、结算以及后续服务中所遇到的问题，包括但不限于以下内容。

(1) 设置专门的客服部门，并配备专人处理客户投诉。
(2) 建立明确的投诉处理流程，并对客户履行告知义务。
(3) 存在较大纠纷，无法自行解决时，可向相关部门申请调解、仲裁、提请诉讼。
(4) 应在 10 个工作日内，对客户投诉进行反馈。

7.5.2 人力资源外包服务注意事项

在人力资源外包项目承接过程中，由于操作上的不规范，可能会出现一些纠纷。以下是几种需避免的情况，需要引起人力资源外包服务机构的注意。

1. 服务企业信息虚假

在初次洽谈业务时，人力资源外包服务机构需对服务企业的基本情况和所提供的信息做一定的了解和把握，避免出现由于服务企业自身信息失真导致业务无法开展和法律纠纷。

2. 签订的《人力资源外包服务合同》内容不完善

双方签订的服务合同若存在内容不完善之处，会导致后期业务难以开展。若服务出现纠纷，可能会给人力资源外包服务机构带来更大的风险和损失。

3. 服务过程中信息泄露

人力资源外包工作中，涉及较多公司内部信息以及个人隐私，不论是服务方还是被服务方，在合作中，如果因工作不慎导致信息泄露，都会给双方公司带来相应损失，并对公司信誉造成一定影响。因此，需在服务合同中对信息保密事项作出约定，避免因此带来的法律风险。

7.5.3 人力资源外包服务合同

文书名称	人力资源外包服务合同	编　号	
		版　本	

甲方：　　　　　　　　　乙方：
法定代表人：　　　　　　法定代表人：
地址：　　　　　　　　　地址：
邮编：　　　　　　　　　邮编：
联系电话：　　　　　　　联系电话：

根据《中华人民共和国合同法》等有关法律法规的规定，遵循公平、自愿、诚实、信用的原则，甲乙双方经协商一致，就甲方的人力资源外包服务事宜签订本合同，并自愿共同遵守。

一、总则

1. 乙方接受甲方的委托，为甲方提供＿＿＿＿＿＿＿＿＿＿＿＿＿服务。

（1）社保代理服务。包括代办甲方结算其单位职工社保基数，代办甲方报送其单位职工社会保险相关表格，代办甲方员工医疗费用报销，代办甲方员工生育津贴支取，代办甲方员工工伤认定等。

（2）……

（3）……

2. 乙方提供的外包服务仅适用于甲方委托乙方办理人力资源外包业务所涉及的员工。

二、合同期限

本合同期限自＿＿＿年＿＿＿月＿＿＿日至＿＿＿年＿＿＿月＿＿＿日止。如其中一方提前＿＿＿日以书面形式提出变更或者终止，合同期间形成的未尽义务，双方仍应按照约定履行。

三、服务标准（略）

四、外包服务的人数、有关费用及支付方式

1. 甲乙双方本着方便、快捷、有效的原则处理所发生的费用往来。甲方委托乙方所涉及的甲方员工共＿＿＿人，合同履行过程中发生变化的，以乙方服务的实际人数为准。甲方应将每人每月＿＿＿元的服务费支付乙方。甲方委托乙方服务的人数不足＿＿＿人的，应按＿＿＿元/月向乙方支付服务费。

2. 如因甲方未按时提供数据信息或确认乙方提供的账单、未按时足额的付款所导致业务处理延误责任，由甲方承担。

3. 如因乙方提供账单有误而导致甲方付款延误的，或者乙方收到甲方及时足额的付款后因乙方原因造成的业务处理延误责任，由乙方承担。

五、甲方的权利与义务

1. 甲方应当全面、客观、及时地向乙方提供与人力资源外包事务有关的各种情况、文件、资料。

2. 甲方指定_____为人力资源外包服务的联系人，负责转达甲方的指示和要求，提供文件和资料等，甲方如更换联系人应当及时通知乙方。

3. 甲方如认为乙方的外包服务工作存在问题，有权随时要求乙方予以说明；如果甲方所反映的问题确实存在，并且不违反规定，乙方应及时与甲方沟通，并及时予以纠正。

4. 甲方应当按时、足额向乙方支付代发工资款和人力资源外包服务费。

六、乙方的权利与义务

1. 乙方应依照双方约定的服务内容与服务标准完成外包服务工作。

2. 乙方应当依据相关法律法规作出判断，尽最大努力维护甲方利益。

3. 乙方应当在取得甲方提供的文件资料后，及时完成委托事项，并应甲方要求通报工作进程。

4. 乙方对甲方业务应当单独建档，并保存完整的工作记录，对涉及甲方的原始数据、法律文件和财务信息应当妥善保管。

5. 乙方在从事人力资源外包服务期间，不得对甲方员工个人提供任何不利于甲方的咨询意见。

6. 乙方对其获知的甲方商业秘密负有保密责任，非由法律规定或者甲方同意，不得向第三方披露。

七、保密协议

任何一方以书面、口头或者电子形式提供的任何信息或者数据，包括但不限于商业秘密、商业计划、客户信息、财务数据、双方订立的协议及全部附件、资料，均为保密信息。一方未经对方事先书面同意，不得以任何形式将保密信息的部分或者全部披露、许可给任何第三方和无知悉必要的内部员工，否则违约方需要赔偿给受害方带来的相关损失。

八、其他

1. 甲乙双方可就本合同未尽事宜订立补充协议，其与本合同具有同等的法律效力。

2. 甲乙双方任何一方未完全履行本合同的，应承担由此给另一方造成的损失；在履行本合同过程中发生争议的，双方应当协商解决，协商不成，任何一方均可向____方所在地人民法院提起诉讼。

3. 本合同一式两份，甲乙双方各持一份，双方代表签字或盖章后生效。

甲方（盖章）　　　　　　　　　　　　　　　　乙方（盖章）
负责人签字：　　　　　　　　　　　　　　　　负责人签字：
签订日期：　　　　　　　　　　　　　　　　　签订日期：

编制日期		审核日期		批准日期	
修改标记		修改处数		修改日期	

7.6 人力资源外包服务商业模式创新

7.6.1 人力资源资源外包+互联网

在互联网的带动下，移动技术、大数据分析、社交网络、云计算等新技术逐渐兴起，促使整个人力资源外包服务行业不断创新人力资源外包产品和管理模式。

互联网技术的应用，使一些传统的线下服务开始向线上延伸，很多人力资源服务机构将一部分可以与互联网技术相结合的外包业务搬到线上，一方面为客户提供更加便捷的服务，降低内部工作量；另一方面可以将特有的服务产品通过移动互联网与客户、与员工分别进行互动。

从总体上来说，与传统人力资源外包服务的服务内容和服务方式相比，借力"互联网+"，人力资源外包服务会更加精准。嵌入互联网技术后，人力资源服务机构可以针对个人或企业提供的特定情况，运用大数据分析等信息技术手段量身定制服务方案，在服务方式和服务内容的设计上更加有针对性，客户对服务内容的满意度也会更高。

7.6.2 薪酬外包+信息技术

随着市场薪酬水平的变化以及近年国家各项税收政策的完善，薪酬管理工作日益复杂，越来越多的公司倾向于选择人力资源服务机构协助完成薪酬管理工作。随着业务量日益增大，原有的处理方式存在数据零散、操作烦冗等缺点，严重制约了薪酬外包业务发展。

目前，由于计算机信息技术的迅猛发展和软件开发能力的日益强大，针对薪酬业务开发的相关软件产品也不断出现，这为薪酬外包项目的解决提供了强有力的支持，也为薪酬外包服务注入了新的活力。

7.6.3 薪酬服务+C端增值服务

薪酬服务业务链上，B端为被服务公司，C端为在B端任职的工作人员。在薪酬服务的过程中，尤其是为 C 端人员服务的过程中，可能会给人力资源服务机构带来潜在的机遇，挖掘 C 端人员价值点成了薪酬外包服务的又一利益增长点。结合目前互联网发展速度以及移动端平台的广泛运用，如何开展 C 端增值服务是值得每个薪酬外包工作人员深思的问题。

第8章 人力资源管理信息化服务

8.1 人力资源管理信息化服务的业务类型

8.1.1 人力资源管理软件

人力资源管理软件简称"HR 软件",即电子化的人力资源管理,是指应用或引进各种信息化手段和技术,利用人力资源管理业务的部分功能,协助进行企业人力资源管理的一个全新的信息化工具。

这是一种全新的提升企业管理水平及管理效率的人力资源管理模式,市场上目前有很多这样的软件产品。

8.1.2 人力资源管理信息化服务

人力资源管理信息化服务是指信息技术和先进的人力资源管理思想相结合,利用信息技术为企业人力资源管理提供专业的信息系统服务的一种方式。这一方式涵盖了企业人力资源管理的各项职能,主要包括人力资源管理核心功能和劳动关系管理、薪酬与激励、招聘与配置、培训与开发、人才管理、学习与发展等功能模块。

8.2 人力资源管理信息化服务部岗位设计与岗位说明

8.2.1 人力资源管理信息化服务部组织架构

下图是人力资源管理信息化服务部的组织架构示例,供参考。

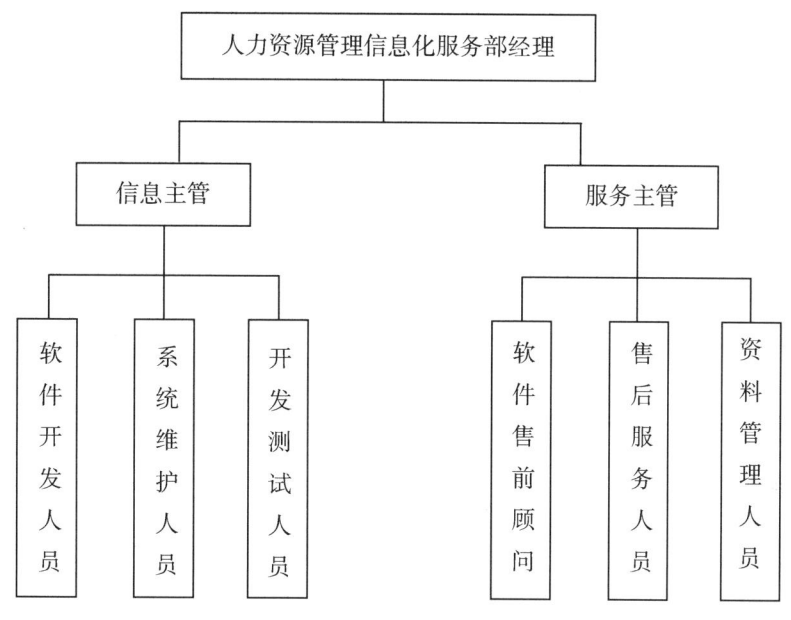

⊙ 人力资源管理信息化服务部组织架构示例

8.2.2 人力资源管理信息化服务部经理岗位说明书

岗位名称		人力资源管理信息化服务部经理	职位编号	
部　　门		人力资源管理信息化服务部	直接主管	公司总经理
岗位概述		负责人力资源管理系统平台的搭建，确保人力资源管理系统的正常运营及维护，提高公司综合管理水平		
岗位职责	职责一	全面统筹规划公司的人力资源管理信息化发展战略，根据公司实际情况和发展规划拟订人力资源管理系统项目建设计划		
	职责二	根据人力资源管理系统项目建设计划制定人力资源管理信息化建设年度预算规划		
	职责三	结合项目建设计划及年度预算规划搭建人力资源管理系统平台，并确保系统的运行及使用		
	职责四	制定和完善人力资源管理信息化建设的制度、流程等相关文件		
	职责五	负责系统运维、战略制定和项目建设的管理流程制定和运作指导		
	职责六	协助其他相关部门进行人力资源管理系统的衔接与沟通		

续表

任职条件	知识与技能	人力资源管理、企业管理、信息管理、计算机等相关专业本科及以上学历
		对现代企业人力资源管理模式有系统了解和实践经验积累,熟悉人力资源管理系统原理、配置与使用
		具备较强的领导能力、人际沟通能力和团队管理能力
	工作经验	3年以上管理岗位或信息化系统岗位从业工作经验

8.2.3 软件开发人员岗位说明书

岗位名称		软件开发人员	职位编号	
部　　门		人力资源信息化服务部	直接主管	信息主管
岗位概述		根据企业信息化项目建设规划,参与软件工程系统的设计与开发,解决工程中的关键问题和技术难题		
岗位职责	职责一	制订研发计划,做好软件研发可行性论证和立项准备		
	职责二	根据项目具体要求,承担开发任务,按计划完成任务目标		
	职责三	根据企业要求,进行软件开发进度安排和任务分配,并确保相应模块软件的设计开发工作		
	职责四	负责对企业现有软件产品进行维护和升级,使之保持可用性和稳定性		
	职责五	完成软件系统代码的实现,编写代码注释,辅助部门进行系统的功能定义和程序设计		
	职责六	撰写软件设计文件和调试测试文件、安装文件、功能特性说明等		
	职责七	编制软件研发文件和质量记录		
任职条件	知识与技能	计算机相关专业本科及以上学历		
		熟悉软件开发流程,熟悉面向对象的设计方法		
		能编写软件研发文件及相关代码,能完成软件设计、编码、调试等工作		
	工作经验	1年以上软件研发及相关工作经验		

8.2.4　系统维护人员岗位说明书

岗位名称		系统维护人员	职位编号	
部　　门		人力资源管理信息化服务部	直接主管	信息主管
岗位概述		根据实际工作安排，具体负责系统运行状况的监控与系统的日常维护工作，确保系统的正常运行		
岗位职责	职责一	负责系统监测和维护工具的选择、应用及日常维护工作		
	职责二	负责系统的日常维护、监控工作，及时提供计算机软硬件方面的服务和支持，确保系统的稳定和持续运行能力		
	职责三	负责企业运维项目的系统升级、扩容管理和相关资源的落实工作，协助测试和调整运维平台		
	职责四	负责系统维护工作的跟踪、完善和记录		
	职责五	负责系统故障、疑难问题和突发事件的处理工作，按要求汇总故障、问题，编制工作报告并定期向上级领导汇报		
	职责六	协助完成各种应用系统的研究、使用和跟踪分析工作		
	职责七	负责相关资料文件的收集、整理和存档保管工作		
任职条件	知识与技能	计算机、通信等相关专业大专及以上学历		
		精通 Java、Oracle，可以熟练处理数据库的问题		
		具备较强的表达能力、分析和解决问题的能力		
	工作经验	1 年以上同岗位工作经验		

8.2.5　开发测试人员岗位说明书

岗位名称		开发测试人员	职位编号	
部　　门		人力资源管理信息化服务部	直接主管	信息主管
岗位概述		测试评估软件质量，发现并分析软件缺陷，编制与管理相关文件		
岗位职责	职责一	学习人力资源管理系统软件说明文件，掌握软件的性能、特性、使用方法等，并协助上级领导编制软件测试计划		
	职责二	参与搭建人力资源管理系统软件测试环境，并负责测试环境的维护与更新		
	职责三	组织实施软件测试，发现、分析和评估被测系统的缺陷		
	职责四	负责软件缺陷的验证，并根据验证结果与软件开发人员进行沟通		

续表

岗位职责	职责五	负责记录测试结果，编写软件测试报告
	职责六	提出合理测试意见与建议，编写软件测试总结
	职责七	负责软件测试相关文件的收集、整理和存档保管工作
任职条件	知识与技能	计算机、通信等相关专业大专及以上学历
		掌握测试用例设计方法，能熟练规范编写测试用例、测试报告
		具备良好的沟通能力、较强的分析和处理问题能力
	工作经验	1年以上软件测试与维护相关工作经验

8.2.6　软件售前顾问岗位说明书

岗位名称		软件售前顾问	职位编号	
部　门		人力资源管理信息化服务部	直接主管	服务主管
岗位概述		为公司的软件售前工作提供专业的技术咨询服务		
岗位职责	职责一	负责对公司所销售或代理销售软件的功能、运用等进行介绍		
	职责二	根据产品方向，深入研究相应行业知识及发展方向		
	职责三	负责挖掘客户需求，并根据客户需求及软件实际功能编写技术方案		
	职责四	负责对技术方案进行讲解，并力争得到客户的认可		
	职责五	根据公司产品特性，撰写相应的技术文档、演示方案以及成功案例说明		
	职责六	协助销售完成合同签订过程中的技术支持，包括合同技术附件的整理等		
	职责七	建立、维护和强化与重点客户的关系		
任职条件	知识与技能	计算机、通信、市场营销等专业本科及以上学历		
		有丰富的相关软件理论知识，了解行业动态		
		热爱计算机相关工作，具备良好的沟通表达能力和文档编写能力		
	工作经验	1年以上售前技术支持工作经验，了解市面主流分析软件者优先		

8.3 人力资源管理信息化服务业务制度设计

8.3.1 人力资源信息化项目管理制度

制度名称	人力资源信息化项目管理制度	编　号	
		版　本	

第1章　总则

第1条　目的
为了加强公司人力资源信息化项目的管理，确保信息化项目的顺利进行，提高公司的竞争能力，根据公司相关规定，特制定本制度。

第2条　适用范围
本制度适用于公司所有涉及人力资源信息化项目的业务部门、相关职能部门和人员的管理。

第3条　术语解释
本制度所称信息化项目是指以计算机、通信技术及其他现代信息技术为手段，针对企业人力资源管理所做的新建、扩建或者改建的工程项目。信息化项目的管理是公司信息化建设的重要环节之一，对信息化建设的效果有着重要影响。

第4条　职责分工
公司应重视信息化项目管理工作，灵活调动相关资源，合理分配工作职责，具体的职责分工如下。

1. 总经理全面把握公司的信息化项目管理工作。
2. 人力资源信息化服务部经理应依据公司相关规定，组织成立信息化项目管理小组（以下简称管理小组），负责公司信息化项目管理的设计工作。
3. 其他相关部门应积极配合信息化项目管理工作，及时提供相关资料文件，推动工作顺利进行。

第2章　项目管理概述

第5条　管理形式
公司应根据实际情况，灵活选择信息化项目管理的形式，常见的管理形式有以下两种。

1. 聘请专业的信息化项目管理单位，由其针对公司的实际情况制定完善的管理方案。
2. 公司独自组织开展信息化项目管理工作，根据自身实际情况，制定最佳的信息化项目管理方案。

第6条　管理内容
公司信息化项目管理至少应包括以下三方面的内容。

1. 现状阐述和分析，主要包括人力资源行业信息化项目管理水平、当前信息化建设技术条件、公司战略和业务规划以及公司当前的信息化建设情况。

2. 规划构建内容，主要包括信息化建设战略目标、资源投入情况以及信息化构建情况（如硬件建设、软件提升和安全管理等）。

3. 实施计划，主要包括公司信息化项目管理的具体措施和工作进度等。

第 3 章　项目立项、招标管理

第 7 条　信息化项目立项、招标主要针对聘请外部专业机构进行信息化项目管理。

第 8 条　网络信息部依据《公司项目管理制度》和信息化年度计划分别进行信息化项目立项请示、审批、上报工作。

第 9 条　项目审批通过后，由人力资源部进行项目立项，由相关部门根据《招标投标法》组织项目招标。

第 10 条　由人力资源部、网络信息部、管理小组等相关部门组织成立评标委员会，并明确各成员职责。

第 11 条　项目实施方提供《公司人力资源信息化项目实施服务合同说明书》，对相关服务期限、验收时间、验收标准等进行明确。

第 4 章　项目实施管理

第 12 条　项目实施方和管理小组组织开展市场调研，广泛收集相关资料和信息，全面了解公司信息化建设的内外部环境，为人力资源信息化项目的开展提供可靠依据。

第 13 条　明确信息化建设中的问题，科学评估和识别公司信息化建设中可能遇到的各种风险，并提出合理的风险预防和处理措施，确保信息化项目的顺利实施。

第 14 条　在项目完成之后，根据相关验收标准进行项目验收。

第 5 章　附则

第 15 条　本制度由网络信息部负责制定、修改和解释。

第 16 条　本制度经公司总经理审批通过后，自____年____月____日起正式实施。

编制日期		审核日期		批准日期	
修改标记		修改处数		修改日期	

8.3.2　软件开发管理制度

制度名称	软件开发管理制度	编　号	
		版　本	

第 1 章　总则

第 1 条　目的

为加强软件开发工作的管理，确保软件开发过程阶段清晰、要求明确、任务具体，提高软件开发的速度和质量，特制定本制度。

第 2 条　适用范围

本制度适用于公司软件开发与管理工作。

第 3 条　术语解释

本制度中所称软件开发是指新系统的开发和已有系统的重大改造,此类工作均需要以项目制的形式进行管理。

第 4 条 管理职责

1. 研发部是软件开发的归口管理部门,负责软件开发的整理管理工作,组织并成立软件开发管理小组。
2. 质量管理部负责软件研发成果的质量检测管理工作。
3. 财务部负责研发部研发经费的预算、核算及下拨分配等管理工作。
4. 项目经理负责项目需求分析、需求编写、项目跟进、异常处理等工作。
5. 软件开发人员负责系统设计、系统自测、配合用户测试、异常处理以及催款等工作。

第 2 章 立项管理

第 5 条 提出项目需求的部门与研发部合作,进行立项的技术可行性分析,编写《立项分析报告》,开展前期的筹备工作。

第 6 条 立项后,提出项目需求的部门出具《业务需求文档》,并交研发部整理。

第 7 条 将整理结果呈报总经理,总经理与财务部经理会同研发部及相关部门负责人进行分析论证后审批,并组织成立项目组。

第 3 章 实施管理

第 8 条 制订具体实施计划

项目组在软件开发项目通过审批后制订软件开发具体实施计划,至少应包括以下六个方面。

1. 软件开发的总体计划、范围和目标。
2. 软件开发的进度和资源使用安排。
3. 软件开发的难点和阻力。
4. 软件研发质量和成本控制措施。
5. 软件开发的测试和评审。
6. 软件开发成果验收标准。

第 9 条 软件开发计划的审批与资料管理

1. 软件开发计划须经软件开发主管、研发部经理和主管副总经理的批准后,方可执行。
2. 项目组应指派专人对开发资料进行分类和归档,涉及企业机密的文档,企业应同软件开发人员签订保密协议。
3. 软件开发期间,软件开发人员应保证开发资料的完整性,开发工作结束后应及时归还。

第 4 章 附则

第 10 条 本制度由研发部制定,其解释和修订权归研发部所有。

第 11 条 本制度自颁布之日起实施。

编制日期		审核日期		批准日期	
修改标记		修改处数		修改日期	

8.3.3 平台开发管理制度

制度名称	平台开发管理制度	编　号	
		版　本	

第 1 章　总　则

第 1 条　为了提升平台系统的可靠性、稳定性、安全性，特制定本制度。

第 2 条　适用对象

本制度适用于对外包项目组及与之相配合完成平台开发的相关人员的管理。

第 3 条　平台开发原则

1. 因地制宜原则：应根据服务企业的行业特点、企业规模、管理理念、组织结构、核算方法等因素设计适合服务企业的人力资源业务管理平台。

2. 成本效益原则：人力资源业务管理平台的建设应起到为服务企业降低成本、纠正偏差的作用；根据成本效益原则，公司可根据服务企业情况进行有效的平台开发，或选择重要领域中关键因素对原信息系统进行平台改造。

第 2 章　平台开发管理

第 4 条　平台开发阶段

人力资源业务管理平台开发包括规划、分析、设计、实施、运维与评价五个阶段。

第 5 条　平台功能

人力资源业务管理平台功能包括组织机构管理、招聘管理、人员管理、考勤休假管理、绩效考核、薪资管理、合同管理、培训管理、报表中心、自助服务等。具体功能模块可根据企业实际情况进行定制服务。

第 6 条　平台开发任务书内容

1. 平台名称。

2. 平台应达到的技术性能。

3. 平台的操作环境。

4. 平台开发人员与分工。

5. 平台开发费用预算。

第 7 条　人员及分工

1. 外包项目负责人制定平台开发项目的总体规划。

2. 外包项目主管根据总体规划制订开发计划。

3. 系统分析专员负责搜集整理开发资料，并进行资料分析。

4. 服务企业终端用户对系统提出使用要求，对系统试运行效果提出意见和建议。

5. 程序设计员进行程序设计和系统调试及试运行。

6. 数据库管理员根据数据的不同用途、使用要求、统计渠道、安全保密性等，决定数据的整体组织形式、表或文件的形式，以及决定数据的结构、类别、载体、组织方式、保密等级等一系列问题，对系统试运行效果提出意见和建议。

7. 系统维护人员进行日常运行维护和系统的更新维护。

第 3 章　平台开发风险管理

第 8 条　平台开发风险及应对策略

1. 外部环境风险。应对策略是实时了解人力资源市场及政策情况并进行细致的可行性分析，采用先进工具进行风险控制。

2. 服务企业需求把握不当。应对策略是加强与服务企业的有效沟通，了解企业对人力资源管理功能的需求，对于平台开发需求文档进行多次确认和修改，确保需求文档准确完善。

3. 缺乏服务企业各模块对接人员的支持。应对策略是进入服务企业进行专业讲座，举办培训促进沟通。

4. 系统开发技术过于复杂、技术不成熟或过时，用户需求的多样性以及用户的数量和重视程度可能加大系统分析的工作量。应对策略是加强技术交流，集中精力解决技术难题，有条件的应有备选方案。

第 9 条　其他风险

服务企业必须为真实存在、合法经营、有一定风险应对能力的企业，注意防止系统开发过程中因服务企业问题导致项目流产。

第 4 章　附则

第 10 条　本制度须经公司总经理批准。

第 11 条　本制度自下发之日起施行。

编制日期		审核日期		批准日期	
修改标记		修改处数		修改日期	

8.3.4　人力资源信息化项目奖金制度

制度名称	人力资源信息化项目奖金制度	编　号	
		版　本	

第 1 章　总则

第 1 条　为加快人力资源信息化项目进度，提高员工工作积极性，提升工作效率，按时保质完成工作任务，特制定本制度。

第 2 条　本制度所指项目是指按照客户要求进行软件开发获得收益的项目或出于战略考虑公司领导确定的开发项目。

第 3 条　奖金分配原则

在公开、公正评审的基础上，本着激励先进、体现价值的分配原则，根据项目的难易等级和个人对项目的贡献多少进行奖金分配。

第 2 章　奖金构成

第 4 条　基础奖金总额

1. 合同类项目：项目奖金的发放额度在项目合同签订后确定，原则上不得超过所研发软件金额的＿＿％，不低于合同金额的＿＿％，具体额度由项目负责人、技术总监协商，总经理最终确定。

2. 投入类项目：由公司直接投入的项目，在明确项目内容后，项目负责人、技术总监核算投入金额报财务总监、总经理确认项目总投入额，原则上以软件投入总金额的____%作为项目奖金。

3. 当市场发生变化，需要重新确定奖金发放额度时，可由项目负责人或部门总监提出，经技术总监、财务总监重新商定，总经理最终确定。

第 5 条　奖金构成

1. 奖金 A 为信息化项目承担部门奖金，总金额的 60% 为工期奖金，发放对象为项目设计、开发、测试参与人员；总金额的 40% 为品质奖金，发放对象为项目设计、开发、测试参与人员。

项目进度由质保专员进行日常记录与考核，项目结束后将考核结果与考核记录上报考核小组作为公司奖金的备查资料进行审查。

2. 奖金 B 为技能奖金。技能奖金为奖金 A 的 20%~50%，发放对象为给专业项目开发人员提供人力资源相关知识及业务操作流程指导的业务参与人员。

3. 奖金 C 为维护奖金。维护奖金为奖金 A 的 10%~30%，发放对象为运维参与人员。

4. 奖金 D 为特殊奖金。特殊奖金最高为奖金总额的 10%。

第 3 章　项目考核流程

第 6 条　项目结束（用户签字验收合格或公司认可验收合格，并且所有技术资料归档）五个工作日内，项目负责人提出项目考核申请。

第 7 条　质保部向考核小组汇报项目考核情况。

第 8 条　考核小组研究后形成考核结论通报项目负责人。项目负责人根据项目成员工作量、贡献大小分配项目奖金。考核小组检查项目成员的考核结果是否正常后提交考核小组组长。

第 9 条　项目负责人确认考核结果，认为考核不合理的可以进行申诉。项目成员确认考核结果，在奖金分配表上签字后提交质保部。

第 4 章　奖金发放

第 10 条　项目奖金申请后，根据参与项目人员的分配奖金情况按比例发放。

第 11 条　项目开发未完成，如有人员离职则不参与项目奖金的发放。项目开发完成但在试用未验收阶段，如有人员离职需配合验收后发放项目奖金的____%。

第 5 章　附则

第 12 条　本制度须经公司总经理批准。

第 13 条　本制度自下发之日起施行。

编制日期		审核日期		批准日期	
修改标记		修改处数		修改日期	

8.4 人力资源管理信息化服务业务流程设计

8.4.1 软件开发流程

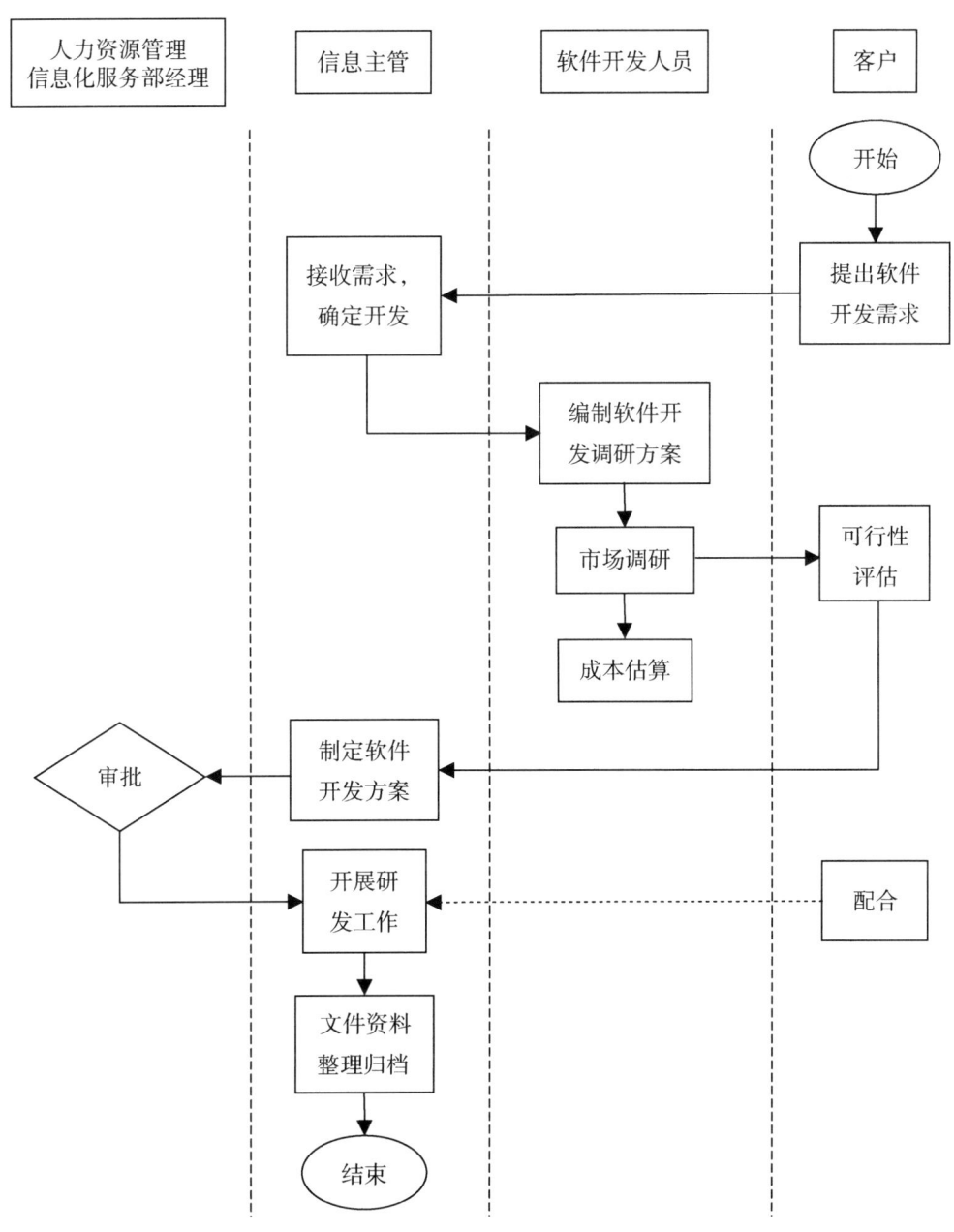

8.4.2 软件测试流程

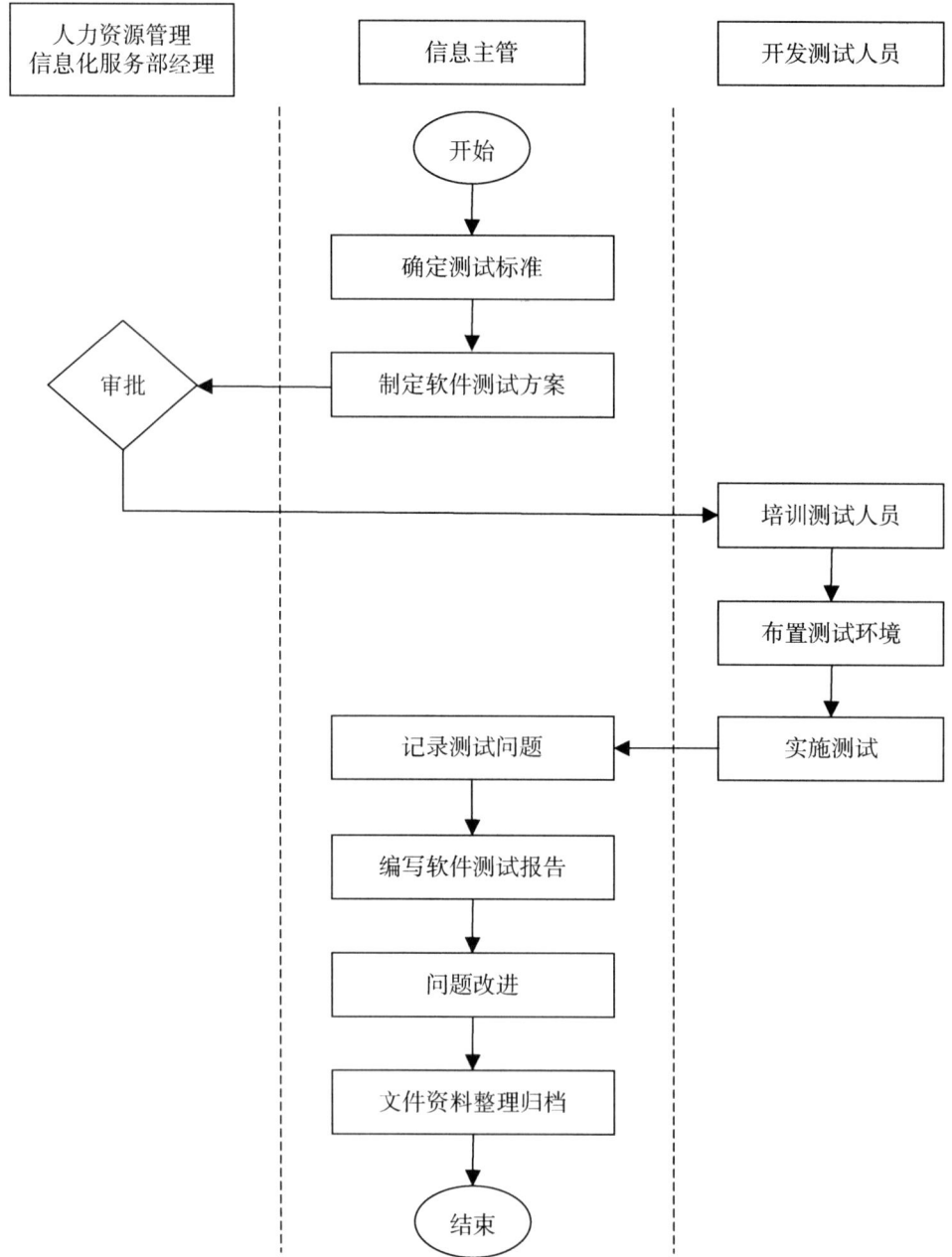

8.4.3 人力资源管理信息化项目建设流程

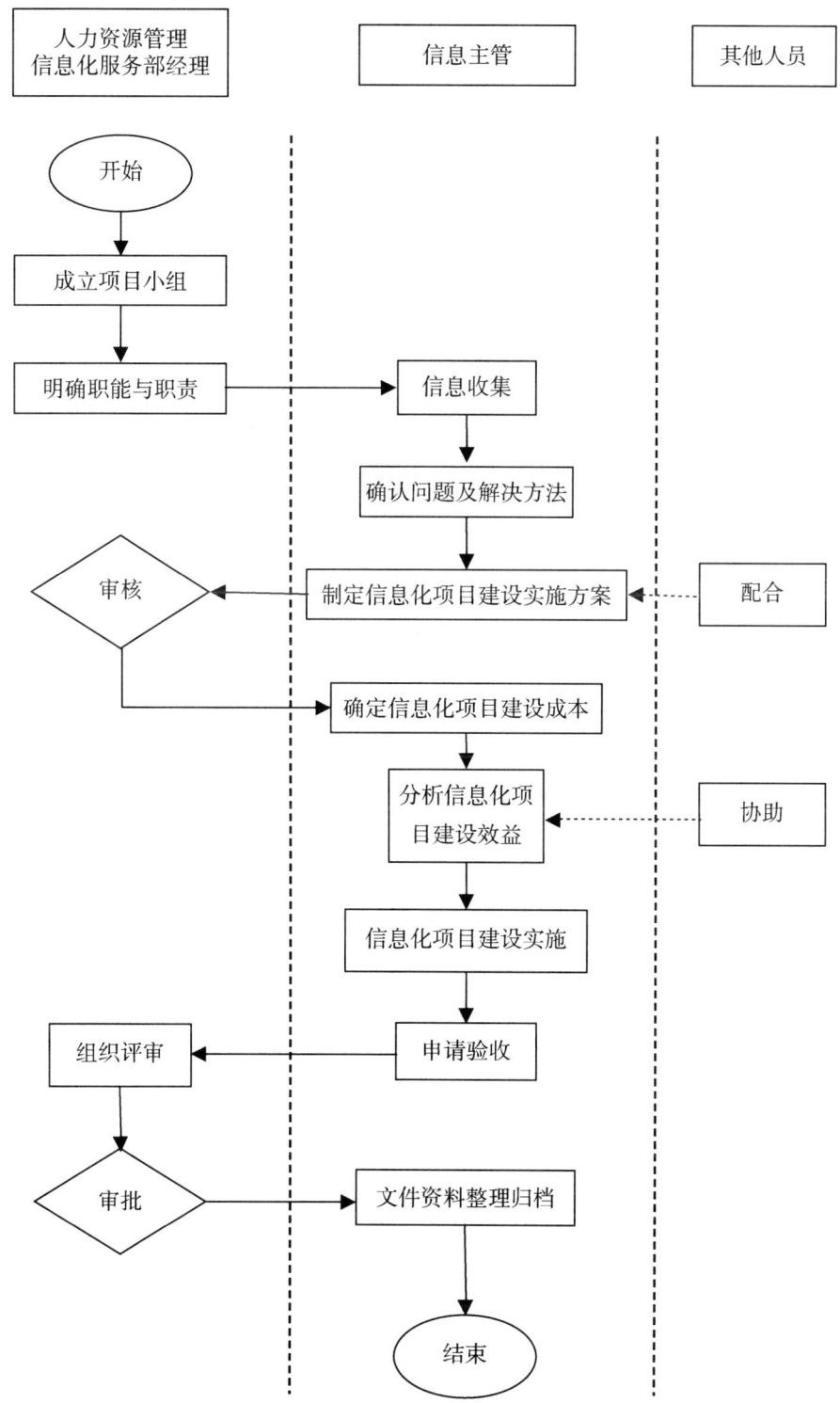

8.5 人力资源管理信息化服务标准与合同

8.5.1 人力资源管理信息化服务标准规定

1. "互联网+"与人力资源管理服务相结合

《人力资源服务业发展行动计划》提出："落实国家'互联网+'发展战略要求，推动人力资源服务和互联网的深度融合，积极运用大数据、云计算、移动互联网、人工智能等新技术，促进人力资源服务业创新发展、融合发展。加强人力资源服务信息化建设，构建人力资源信息库，实现数据互联互通，信息共享。"

2. 加强人力资源市场管理信息平台建设

《关于"先照后证"改革后加强人力资源市场事中事后监管的意见》要求："加快建设全国统一的人力资源市场管理信息平台，鼓励有条件的地方先行先试，加快推进人力资源市场管理全程信息化，构建以信息归集共享为基础、以信息公示为手段、以信用监管为核心的管理信息化体系。"

8.5.2 人力资源管理信息化服务注意事项

《人力资源市场暂行条例》第三十一条规定："人力资源服务机构通过互联网提供人力资源服务的，应当遵守本条例和国家有关网络安全、互联网信息服务管理的规定。"此外，信息化服务平台提供的信息应符合《互联网信息服务管理办法》中的规定。

8.5.3 人力资源管理信息化服务合同

文书名称	人力资源管理信息化服务合同	编　号	
		版　本	
甲方： 法定代表人： 地址：	乙方： 法定代表人： 地址：		

邮编：　　　　　　　　邮编：
联系电话：　　　　　　联系电话：

甲乙双方经友好协商一致，签订本合同。甲乙双方申明，双方都已理解并认可了本合同的所有内容，同意承担各自应承担的责任，忠实履行本合同。

一、合同项目

乙方为甲方开发人力资源管理信息化系统。

二、合同期限

本合同期限自____年____月____日至____年____月____日止。

三、乙方责任

1. 乙方为甲方开发_____。基本内容包括：_____。
2. 乙方负责按照甲方提供的各类资料、要求进行总体策划、创意和制作，保证具有高制作精度和技术水准。
3. 乙方负责在制作期间及时根据甲方的修改意见进行修改，以达到甲方满意的效果。
4. 乙方保证按照合同规定的时间和要求按时保质完成工作。

四、甲方责任

1. 甲方负责及时提供所需各类资料和数据。
2. 甲方技术人员积极配合乙方的工作。
3. 甲方负责软件的校验工作。
4. 甲方负责按照合同规定及时付款。

五、服务价格及付款方式

1. 服务价格：乙方为甲方开发的_____，总开发费用为_____元人民币。
2. 付款方式：在本合同签订时甲方向乙方支付项目总价的_____%，即_____元人民币；服务完毕并由甲方检验通过后，甲方向乙方再支付项目总价的_____%，即_____元人民币；项目运行一个月后，再支付项目总价的_____%，即_____元人民币。

六、服务时间及售后服务

自本合同签订当日起，乙方开始提供人力资源管理信息化服务。服务时间为_____个工作日，即自_____年_____月_____日至_____年_____月_____日止。经双方协商一致，可以延长或缩短该期限。项目验收完成一年内为免费售后服务时间，从第二年起每年维护费用为____元人民币。

七、服务验收标准

1. 乙方所开发的系统符合甲方的要求及各项技术指标即为合格。
2. 乙方完成服务工作，甲方应在____日内组织验收，超过____日不验收，视为验收合格。

八、知识产权条款

1. 根据本合同产生的全部研究开发成果（包括软件产品和以此为基础研发出的其他技术成果）的知识产权归甲方所有。
2. 双方确定，甲方有权利用乙方按照本合同约定提供的研究开发成果进行后续改进。由此产生的具有实质性或创造性技术进步特征的新技术成果及其权利归属，由甲方享有。

九、合同的变更、解除或终止

1. 任意一方要提前解除本合同，应提前通知对方。甲方提前解除合同的，无权要求乙方返还预付费用并应对乙方遭受的损失承担赔偿责任；乙方提前解除合同的，应双倍返还上述费用。

2. 任何一方违反本合同，给对方造成损失的，应赔偿损失。

3. 订立本合同所依据的客观情况发生重大变化，致使本合同无法履行的，经双方协商同意，可以变更本合同相关内容或者终止合同的履行。

十、其他

1. 乙方只负责信息化项目服务，甲方使用该信息化平台的其他事务，后果由甲方承担。

2. 双方在合同期内如有任何争议，应友好协商解决。若协商不成，可提交仲裁机构仲裁。

甲方（签章）   乙方（签章）
代表签字：   代表签字：
日期：   日期：

编制日期		审核日期		批准日期	
修改标记		修改处数		修改日期	

8.6 人力资源管理信息化服务常用文书

8.6.1 人力资源管理信息系统说明书

文书名称	人力资源管理信息系统说明书	编 号	
		版 本	

第1章 前言

第1条 编写目的

编写本说明书是为了帮助所服务公司的人员掌握如何使用人力资源管理信息系统（下文简称为HRM系统），以确保HRM系统顺利运行。

第2条 文档阅读对象

HRM系统的用户、测试人员。

第3条 系统介绍

HRM系统是本企业针对所服务公司内部的人力资源管理业务定制开发的软件。该软件的开发完全以客户的使用需求为基础。

第2章 软件概述及操作注意事项

第4条 软件概述

HRM系统分为6大模块：基本信息管理、人事变动管理、招聘管理、培训管理、薪酬管理、辅助系统管理。

1. 基本信息管理。包括部门机构设置维护、人员花名册、员工电子档案管理等。

2. 人事变动管理。包括员工入职、离职、升职、降职、调岗等变动的发起和审批全流程管理。

3. 招聘管理。包括人才档案库的维护、人员笔试面试流程监控、面试邮件发送等。

4. 培训管理。包括培训课程和培训讲师档案的维护、培训需求的维护，以及培训课程安排、培训考核和培训反馈的维护。

5. 薪酬管理。包括基本工资的设置、考勤和考核资料的导入以及最终工资报表的查询和打印。

6. 辅助系统管理。包括数据的备份和还原、员工的权限设置、个人密码修改以及退出系统功能。

第 5 条　操作注意事项

1. 本系统的初始用户名为 HR，密码为 ADMIN；新员工初始用户名为员工工号，初始密码为 123456，后期可修改。

2. 员工工号及业务操作编号由系统自动生成。

3. 本系统完全支持按<Enter>键跳到下一个文本框的功能，用户无须再通过鼠标定位光标位置。系统中的许多模块都设置了快捷键，用户完全可以通过键盘操作这些模块。

第 3 章　业务流程

第 6 条　基本信息管理

1. 部门机构设置维护。基本部门机构设置在 HRM 系统中已默认设置完成，如发生公司部门增减或名称改动，可在【基本信息】界面单击【组织机构】进行添加和删减。

2. 人员花名册维护（略）。

3. 查询、补录员工电子档案（略）。

第 7 条　人事变动管理

1. 入职管理。进入【人事变动】模块，单击【新入职】按钮，界面右侧弹出自动添加新入职人员信息界面，单击姓名、性别、年龄、毕业院校、专业、学历、电话、职位、工作经验、毕业学校、E-mail 和详细经历的文本框，输入相关内容，并上传相应的电子档案资料，最后单击【提交】按钮，系统自动进入浏览新入职员工信息的界面。同时也可点击【导入】按钮，进行人员信息的导入。最后发起入职管理流程，等待审批。

2. 离职管理。进入【人事变动】模块，单击【离职】按钮，界面自动弹出导入员工信息界面，选择相应人员进行导入，选择离职时间及离职原因，发起离职管理流程，等待审批。

3. 职位调整。进入【人事变动】模块，单击【职位调整】按钮，界面自动弹出岗位调整信息界面，选择相应程序，发起职位调整流程，等待审批。

第 8 条　招聘管理

1. 添加应聘人员信息。进入【招聘】模块，单击【添加】按钮，界面右侧弹出自动添加应聘信息界面，单击姓名、性别、年龄、毕业院校、专业、学历、电话、职位、工作经验、毕业学校、E-mail 和详细经历的文本框，输入相关内容，最后单击【提交】按钮，系统自动进入浏览应聘信息的界面。界面右侧自动显示所有应聘的人才信息。

2. 添加进入人才库。勾选相应人员，单击【入库】按钮，该信息即被调入人才库保存，同时系统自动进入浏览人才库的页面。人才库内人员信息可单击【删除】按钮进行删除。

3. 添加应聘状态。进入招聘页面，点击【应聘人员信息】按钮，进入应聘人员详细菜单，单击需要编辑的人员名称，进入应聘人员个人详细情况菜单，单击编辑，在面试状态下拉列表中勾选面试状态，并在面试时间文本框中添加面试时间信息，在面试部门下拉列表中选择相应部门及对应岗位。

4. 面试相关邮件发送。进入招聘页面,点击【已面试人员】按钮,进入已面试人员详细菜单,单击需要编辑的人员名称,进入应聘人员个人详细情况菜单,单击编辑,在面试状态下拉列表中勾选面试状态,点击【提交】,完成后自动返回上一页面,点击【发送邮件】,进入发送邮件界面,选择相应邮件模板,点击【发送】,完成操作。

第 9 条　培训管理(略)

第 10 条　薪酬管理(略)

第 11 条　辅助系统管理(略)

第 4 章　客户服务

第 12 条　免费升级

HRM 系统对购买正版的用户提供一年的免费升级服务,升级服务包括 BUG 修复和安全参数处理,但不包括模块的增加和定制开发。

第 13 条　免费技术咨询

HRM 系统的正版用户享受一年免费电话、E-mail、QQ 技术咨询服务。

第 14 条　定制开发

如果用户需要根据本单位的实际情况进行定制开发或二次开发,相关费用另议。

编制日期		审核日期		批准日期	
修改标记		修改处数		修改日期	

8.6.2　人力资源管理信息化建设项目建议书

文书名称	人力资源管理信息化建设项目建议书	编　号	
		版　本	

一、编写目的

甲公司人力资源管理信息化建设项目建议书(以下简称本建议书)是由乙公司在深入了解甲公司人力资源管理相关工作后,依据乙公司从事人力资源管理信息化系统开发的经验和集合服务多家客户所积累的实务经验,并结合先进人力资源管理信息化建设理论和国内众多人力资源管理信息化系统开发成果,为甲公司精心设计和制作的,属于项目规划设计文档。

二、使用对象

本建议书使用人员包括甲公司高层领导、甲公司项目小组成员、乙公司项目小组成员、乙公司项目评审小组成员。

三、信息化建设目标与内容

1. 信息化建设目标

通过系统平台建设,不断提高人力资源管理业务工作效率;通过规范管理,降低企业用工风险,对员工实行动态管理。

2. 信息化建设主要内容

建立一个功能强大的人力资源信息数据管理中心,以网络、通信技术为支撑,开发功能完善、安全可靠的系统应用软件和业务办公信息化软件平台,包括基本信息管理、人事变动管理、招聘管理、培训管理、薪酬管理、辅助系统管理等模块。

　　四、信息化系统设计方案

　　1. 系统功能（略）。

　　2. 系统总体业务架构（略）。

　　3. 系统主体技术架构（略）。

　　五、系统界面设计（略）。

　　六、主要技术指标（略）。

　　七、交付成果（略）。

　　八、验收测试

　　由甲公司组织进行现场验收，乙公司派人参加，主要工作内容包括系统测试、现场验收测试等。测试需形成规范的测试文档，客观地分析和评估测试结果，并跟踪不合格现象，对软件问题要分级分类管理，必要时要进行回归测试，确保所有问题能得到解决。验收合格后，系统交付甲公司，最终交付时间为整个系统正式交付甲公司使用的时间。

　　九、售后服务

　　乙公司根据系统使用说明书完成对甲公司员工的操作培训，保证甲公司员工能独立操作系统各软件；在重大测试或执行重要任务期间，乙公司应派技术人员到现场提供支持，确保设备的安全运行；保修期内，乙公司需提供技术支持，免费提供系统升级服务；保修期外，对系统各项升级服务需支付相应费用，具体费用另行商定。

　　十、项目报价（略）

编制日期		审核日期		批准日期	
修改标记		修改处数		修改日期	

8.7　人力资源管理信息化服务商业模式创新

8.7.1　人力资源管理信息化+移动云端服务

　　随着信息化技术的飞速发展，人力资源管理也由封闭式管理逐步向"云端化"发展。"云端化"是指人力资源管理系统在运作和实施过程中，通过网络技术沟通多台计算机，实现管理信息传递与交互的一种方式。

　　这一方式既能为企业节约人工成本、提高工作效率，也能帮助企业快速实现信息交互，是提升企业整体工作效能的有效手段。

8.7.2 人力资源管理信息化+SaaS 服务

SaaS 是英文 Soft as a Service（软件即服务）的简写，是指利用互联网及云服务的发展，满足特定行业或企业特定需求的一种专业型软件租赁使用模式。这一模式是指企业可以根据自身在人力资源管理如员工关系管理、客户关系管理、合同管理、费用管理等方面的不同情况定制相应的软件。

对企业而言，SaaS 服务具有成本低、无须下载、供应商提供专业维护服务等特点。

8.7.3 人力资源管理信息化+数据服务

数据服务，也称数据即服务，是指利用大数据技术进行数据接入、处理、存储、查询、分析，最后根据用户需要将数据提供给不同用户的一种方式。

随着大数据时代的到来，企业人力资源管理也逐渐由原来依靠经验进行管理向依靠数据进行管理的方式转变。通过利用先进的平台进行数据的获取和分析，为企业管理策略和规划的制定、精准化招聘、培训方式调整等提供科学的参考依据。